国際音声字母 (2005)

子音 (肺臓気流)

	両唇音	唇歯音	歯音	歯茎音	後部歯茎音	そり舌音	硬口蓋音	軟口蓋音	口蓋垂音	咽頭音	声門音
破裂音	p b			t d		ʈ ɖ	c ɟ	k g	q ɢ		ʔ
鼻音	m	ɱ		n		ɳ	ɲ	ŋ	ɴ		
ふるえ音	B			r					R		
たたき音または はじき音		ⱱ		ɾ		ɽ					
摩擦音	ɸ β	f v	θ ð	s z	ʃ ʒ	ʂ ʐ	ç ʝ	x ɣ	χ ʁ	ħ ʕ	h ɦ
側面摩擦音				ɬ ɮ							
接近音		ʋ		ɹ		ɻ	j	ɰ			
側面接近音				l		ɭ	ʎ	ʟ			

記号が対になっているものは、右が有声子音をあらわす。影をつけた部分は調音が不可能であると考えられることを示す。

子音 (肺臓気流以外)

吸着音	有声入破音	放出音
ʘ 両唇音	ɓ 両唇音	ʼ 例:
ǀ 歯音	ɗ 歯(茎)音	pʼ 両唇音
ǃ (後部)歯茎音	ʄ 硬口蓋音	tʼ 歯(茎)音
ǂ 硬口蓋歯茎音	ɠ 軟口蓋音	kʼ 軟口蓋音
ǁ 歯茎側面音	ʛ 口蓋垂音	sʼ 歯茎摩擦音

その他の記号

ʍ 無声両唇軟口蓋摩擦音　　　ɕ ʑ 歯茎硬口蓋摩擦音
w 有声両唇軟口蓋接近音　　　ɺ 有声歯茎側面はじき音
ɥ 有声両唇硬口蓋接近音　　　ɧ ʃ と x の同時調音
ʜ 無声喉頭蓋摩擦音
ʢ 有声喉頭蓋摩擦音　　　破擦音と二重調音は、必要が
ʡ 喉頭蓋破裂音　　　　　あれば2つの記号を⌒で結ん
　　　　　　　　　　　　であらわすことができる。　k͡p t͡s

母音

	前舌	中舌	後舌
狭	i • y	ɨ • ʉ	ɯ • u
		ɪ ʏ	ʊ
半狭	e • ø	ɘ • ɵ	ɤ • o
		ə	
半広	ɛ • œ	ɜ • ɞ	ʌ • ɔ
	æ		
広	a • ɶ		ɑ • ɒ

記号が対になっているものは、
右が円唇母音をあらわす。

超分節音

ˈ	第1強勢
ˌ	第2強勢	ˌfoʊnəˈtɪʃən
ː	長い	eː
ˑ	半長の	eˑ
˘	超短の	ĕ
|	小 (フット) グループ
‖	大 (イントネーション) グループ
.	音節境界	ɹi.ækt
‿	連結している (切れ目のない)

補助記号　下に伸びた記号には真上に付けてもよい　例: ŋ̊

̥	無声の	n̥ d̥	̤	息もれ声の	b̤ a̤	̪	歯音の	t̪ d̪
̬	有声の	s̬ t̬	̰	きしみ声の	b̰ a̰	̺	舌尖の	t̺ d̺
ʰ	帯気音の	tʰ dʰ	̼	舌唇の	t̼ d̼	̻	舌端の	t̻ d̻
̹	より丸めの強い	ɔ̹	ʷ	唇音化した	tʷ dʷ	̃	鼻音化した	ẽ
̜	より丸めの弱い	ɔ̜	ʲ	口蓋化した	tʲ dʲ	ⁿ	鼻腔解除	dⁿ
̟	前寄りの	u̟	ˠ	軟口蓋化した	tˠ dˠ	ˡ	側面解除	dˡ
̠	後ろ寄りの	e̠	ˤ	咽頭化した	tˤ dˤ	̚	無開放	d̚
̈	中舌寄りの	ë	̴	軟口蓋化あるいは咽頭化した	ɫ
̽	中央寄りの	x̽	̝	狭	e̝	̩ = 有声歯茎摩擦音
̩	成節的	n̩	̞	広	e̞	β̞ = 有声両唇接近音
̯	非成節的	e̯	̘	舌根が前に出された	e̘
˞	r音化した	ə˞ a˞	̙	舌根が後ろに引かれた	e̙

声調 (トーン) と語アクセント

	平板		曲線
e̋ or ˥	超高平ら	ě or	上がり
é or ˦	高平ら	ê or	下がり
ē or ˧	中平ら	or	高上がり
è or ˨	低平ら	or	低上がり
ȅ or ˩	超低平ら	or	上がり下がり
↓	ダウンステップ	↗	全体の上昇
↑	アップステップ	↘	全体の下降

朝倉日英対照言語学シリーズ ②

[監修] 中野弘三・服部義弘・西原哲雄

音声学

Phonetics

服部義弘 [編]

朝倉書店

シリーズ監修

中野 弘三　　名古屋大学名誉教授

服部 義弘　　大阪学院大学外国語学部教授・静岡大学名誉教授

西原 哲雄　　宮城教育大学教育学部教授

第 2 巻編集

服部 義弘　　大阪学院大学外国語学部教授・静岡大学名誉教授

執筆者(執筆順)

服部 義弘　　大阪学院大学外国語学部教授・静岡大学名誉教授

三浦 　弘　　専修大学文学部教授

平山 真奈美　立命館大学産業社会学部准教授

福島 彰利　　甲南大学文学部教授

中郷 　慶　　愛知淑徳大学交流文化学部教授

刊行のことば

　20世紀以降の言語学の発展には目覚ましいものがあり，アメリカ構造主義言語学から，生成文法，さらには最近の認知言語学に至るさまざまな言語理論が展開・発展を続けている．これと同時に，急速なコンピューターの技術革新などによる，コーパス言語学をはじめとする各種の方法論の導入によって，言語研究は言語一般の研究分野においても，各個別言語の分析においても，日進月歩の発達を遂げてきたといえる．個別言語の1つである英語についても，共時的な観点と通時的な観点の双方から，さまざまな側面についての分析が行われ，その成果は，多くの論文や著書の形で公刊されるに至っている．

　言語一般の研究にせよ，各個別言語の研究にせよ，その研究分野は次第に特殊化・細分化されてゆき，その内容が複雑・多様化するに伴って，今日では，専門の研究者ですら，その分析手法などが異なれば，自らの研究分野での研究成果を的確に理解できないという事態が生じうる．このような状況では，英語学・言語学を志す初学者が手早く専門分野の知識を得たいと思う場合，また，英語や日本語教育に携わる教員が幅広く言語学全般の知識を得たいと思う場合に，大学での教授者がそのような要望に応えることは容易ではない．しかし，他方では，英語学・言語学の複雑多様化した研究分野についての的確な知識を初学者や言語教育者に提供する必要性は少なからず存在するものと思われる．

　そこで，われわれは，英語学，英語教育学あるいは言語学に関心をもつ学生，および英語・日本語教育関係者を読者対象に想定し，英語学・言語学の各専門分野についての概観を意図した『朝倉日英対照言語学シリーズ』の編纂を企画したのである．本シリーズの基本方針としては，日本人の母語である日本語との比較・対照を図ることにより，英語学の知識をいっそう深めることができるものと考え，可能な限りの範囲で，日英対照という視点を盛り込むよう，シリーズ各巻の編集・執筆者に依頼することとした．また，英語学・言語学の基本的な概念や専門用語を提示することとあわせて，それぞれの分野の最新の研究成果についても，スペースの許す範囲で盛り込んでゆくことを方針とした．本シリーズを教科書として

使用される教授者にとっても益するところがあるようにとの配慮からである．

　幸運なことに，各巻の編集者には，各分野を代表する方々を迎えることができ，それらの方々には，上に述べた基本方針に従って，それぞれの分野において特色ある優れた入門書兼概説書を編集してもらえるものと確信している．本シリーズの構成は以下の7巻からなる．

　　第1巻『言語学入門』西原哲雄 編
　　第2巻『音声学』服部義弘 編
　　第3巻『音韻論』菅原真理子 編
　　第4巻『形態論』漆原朗子 編
　　第5巻『統語論』田中智之 編
　　第6巻『意味論』中野弘三 編
　　第7巻『語用論』中島信夫 編

　読者の方々は各自の専門分野に関する巻はもちろん，そうでない他の巻や隣接する分野の巻についても参照されることを希望するものである．そうすることによって，読む人の英語学・言語学各分野についての理解はいっそう広まり，深まるものと確信する．

　2012年3月

　　　　　　　　シリーズ監修者　　中野弘三，服部義弘，西原哲雄

まえがき

『朝倉日英対照言語学シリーズ』の第2巻は音声学を取り扱う．言語学や英語学などのシリーズものでは，音声学と音韻論を併せて1巻とするのが通例のようであるが，本シリーズでは音声学と音韻論をまとめて1巻とせず，あえて2巻に分けた．両者は複雑に関連しており，画然と区別するのはしばしば困難であるけれども，ディシプリン（学問分野）として独立しているとする見方も伝統的に行われており，わが国の大学教育現場での現状も「英語音声学」「日本語音声学」などの科目を，「音韻論」とは独立に立てている場合が多いと判断されるからである．本巻では具体的音声レベルの事象に極力焦点を絞り，抽象的音韻レベルにおけるさまざまな問題は第3巻『音韻論』の巻に委ねることを方針とした．

本書は，英語学，日本語学，言語学を専門とする学生や，英語・日本語教育関係者などを主な読者対象に想定し，音声学全般にわたる概説を試みたものである．その際，記述の重点は主に英語の音声におき，必要に応じて日本語の音声を対照して論じることとした．また，本書は，いわゆる「発音教本」を意図したものであるよりは，あくまで「音声学」の重要事項の概説を心がけ，紙幅の許す限り，基本事項を網羅し，当該分野の最新の知見なども盛り込むように努めたから，初学者のみならず上級者にも読み応えのある内容になっているものと確信する．上述したように，本書は「発音法」の習得を主な目的としたものではないが，本文では日本人学習者が心得ておくべき調音上の留意点をできるだけ詳細に記述した．ただし，やはり実際に聞いてみるのが望ましい．巻末（140ページ）に参照できるCDやウェブサイトの音源の一覧を紹介してあるので，参照されたい．

本書は序章を含め，8つの章から成り立っている．まず，序章において，一般音声学の立場から音声学に関する基本事項を全般的に概説したのち，第1章で英語の標準発音と，英米を中心とするさまざまな変種について概観する．つづく第2章および第3章では英語の母音と子音の詳細について，時に日本語と対照させつつ解説を加える．第4章では，母音・子音の分節音が連続した時に生ずる基本単位である音節と，さまざまな連続音声に生起する音声現象をつぶさに検討する．さらに，第5章，第6章では強勢，アクセント，リズム，イントネーションとい

った韻律（プロソディー）に関わる諸現象について，英語を中心に，日本語の例も交えながら概説する．最後に，近年の音声学研究の進展に伴って，急速な発展を見せている音響音声学について，基礎的事項を整理する．これにより，音声学の諸分野の全容をほぼ概観できるものと思われる．ただ，今日徐々に発展の機運を見せつつある聴覚（知覚）音声学については，紙幅の関係で割愛せざるをえなかったのは残念である．

各章末尾に「演習問題」を付けたが，その解説および解答を朝倉書店のHPからダウンロードできるようになっている．教授者・読者は参考にしていただきたい．また，本書第7章の音響音声学にはスペクトログラムを随所に設けたが，紙幅を押さえる目的で，図がやや小さくなってしまい，見づらくなっているかもしれない．これらの図についてもHPで，より鮮明な図を見られるよう配慮した．適宜参照していただければ幸いである．

本書の刊行にあたっては，企画段階から校正に至るまで，朝倉書店編集部に大変お世話になった．ここに記して感謝の意を表したい．

2012年5月

服部義弘

目　　次

序章　音声学への誘い ……………………………………［服部義弘］…1
　0.1　音声学とは何か ………………………………………………………1
　0.2　音声学の各分野 ………………………………………………………2
　0.3　音　声　器　官 ………………………………………………………4
　0.4　言語音産出過程 ………………………………………………………7
　　　0.4.1　始　　動 ………………………………………………………8
　　　0.4.2　発　　声 ………………………………………………………9
　　　0.4.3　調　　音 ……………………………………………………10
　　　0.4.4　発声と調音のタイミングのずれ ……………………………11
　0.5　音　声　記　号 ……………………………………………………13
　0.6　国際音声字母表概観 ………………………………………………14

第1章　英語の標準発音と各種の変種 ……………………［三浦　弘］…17
　1.1　標準発音とは …………………………………………………………17
　1.2　米国の発音 ……………………………………………………………18
　1.3　米国標準発音 …………………………………………………………19
　1.4　英国の発音 ……………………………………………………………21
　1.5　英国標準発音 …………………………………………………………22
　1.6　コックニー ……………………………………………………………23
　1.7　河口域英語 ……………………………………………………………24

第2章　母　　　音 …………………………………………［平山真奈美］…27
　2.1　母音と子音の違い ……………………………………………………27
　2.2　母音の分類基準 ………………………………………………………28
　2.3　基　本　母　音 ………………………………………………………30
　2.4　英語と日本語の母音の比較 …………………………………………33
　2.5　GAとRPの母音概観 …………………………………………………35

  2.5.1 /i/, /ɪ/ ··· 35
  2.5.2 /eɪ/, /ɛ/ ·· 35
  2.5.3 /æ/, /ɑ/, /ʌ/ ··· 36
  2.5.4 /ɔ/, /oʊ/, /ɒ/ (RP) ·· 37
  2.5.5 /u/, /ʊ/ ·· 38
  2.5.6 /aɪ/, /aʊ/, /ɔɪ/ ·· 38
  2.5.7 near, air, car, oar, cure, nurse の母音 ················· 39
  2.5.8 弱(化)母音 ·· 42
 2.6 母音の長さ ·· 42
 2.7 母音の無声化 ··· 43

第3章 子   音 ···[三浦 弘]··· 46
 3.1 子音とは ·· 46
 3.2 調音器官と調音点 ·· 48
  3.2.1 調音点 ·· 48
  3.2.2 調音の注意点 ·· 50
 3.3 子音の調音法とその分類 ·· 52
 3.4 子音の名称 ·· 54
 3.5 硬音と軟音 ·· 56
 3.6 英語子音の特徴 ··· 57
  3.6.1 閉鎖音 ·· 57
  3.6.2 鼻 音 ·· 59
  3.6.3 摩擦音 ·· 59
  3.6.4 接近音 ·· 61
 3.7 日本語の子音 ··· 61

第4章 音節・音連鎖・連続音声過程 ·······················[服部義弘]··· 64
 4.1 音   節 ·· 64
  4.1.1 音節の構造 ·· 64
  4.1.2 聞こえの階層 ·· 68
  4.1.3 頭子音連鎖と尾子音連鎖 ··· 69
  4.1.4 分節化：音節境界の画定 ··· 71

4.2 連続音声過程 …………………………………………………… 72
    4.2.1 同化 ……………………………………………………… 73
    4.2.2 融合 ……………………………………………………… 75
    4.2.3 異化 ……………………………………………………… 76
    4.2.4 脱落 ……………………………………………………… 77
    4.2.5 添加 ……………………………………………………… 78
    4.2.6 連結現象 …………………………………………………… 78
    4.2.7 鼻腔解除と側面解除 ……………………………………… 79
    4.2.8 同時調音と二次調音 ……………………………………… 80

第5章 強勢・アクセント・リズム ……………………[福島彰利]… 84
  5.1 強勢とアクセント：定義 ……………………………………… 84
  5.2 語強勢 …………………………………………………………… 85
    5.2.1 単純語と派生語の強勢 …………………………………… 85
    5.2.2 複合語の強勢 ……………………………………………… 89
  5.3 文強勢 …………………………………………………………… 91
    5.3.1 文レベルにおける強勢の有無 …………………………… 91
    5.3.2 内容語と機能語 …………………………………………… 92
    5.3.3 強形と弱形 ………………………………………………… 92
    5.3.4 英語のリズム ……………………………………………… 94
    5.3.5 日本語のリズム …………………………………………… 95
    5.3.6 休止とリズム ……………………………………………… 96
  5.4 強勢にかかわる事実 …………………………………………… 97
    5.4.1 強勢衝突と強勢降格 ……………………………………… 97
    5.4.2 強勢空白と第2強勢 ……………………………………… 99
    5.4.3 対照強勢 …………………………………………………… 100
    5.4.4 二拍指向 …………………………………………………… 101

第6章 イントネーション ………………………………[中郷　慶]… 104
  6.1 イントネーションと英語らしさ ……………………………… 104
    6.1.1 イントネーションと情報 ………………………………… 104
    6.1.2 イントネーションの形式と意味 ………………………… 107

6.2　イントネーション句の構造と3つのT……………………………………109
　6.3　イントネーションの機能………………………………………………112
　　6.3.1　態度的機能…………………………………………………………112
　　6.3.2　文法的機能…………………………………………………………113
　　6.3.3　焦点化機能…………………………………………………………114
　　6.3.4　談話機能……………………………………………………………115
　6.4　注意を要するイントネーション…………………………………………116
　　6.4.1　出来事文や不都合・異常事態を表す文における
　　　　　主語名詞と名詞優先の原則………………………………………116
　　6.4.2　時の副詞と場所の副詞………………………………………………117
　　6.4.3　否定語に関する母語転移……………………………………………118
　　6.4.4　機能語に主調子音節がくる事例とイントネーション慣用句………118
　6.5　英語と日本語のイントネーション………………………………………119
　6.6　ま　と　め………………………………………………………………121

第7章　音響音声学　　　　　　　　　　　　　　　　　［平山真奈美］…125
　7.1　音声の物理的性質：音波…………………………………………………125
　7.2　共　　　鳴………………………………………………………………127
　7.3　分節音の音響的特徴……………………………………………………128
　　7.3.1　母　音………………………………………………………………129
　　7.3.2　子　音………………………………………………………………130
　7.4　超分節的特徴……………………………………………………………135

付録　音声学の学習に役立つ音声資料などの紹介……………………………140

索　　引………………………………………………………………………143
英和対照用語一覧………………………………………………………………150

序章　音声学への誘い

服部義弘

0.1　音声学とは何か

　われわれの身の周りには，雨音，風の音から，車や建築工事の騒音，さらには，人間の発するせき，くしゃみ，おくびの音などに至る，さまざまな音が聞かれるが，われわれ人間の話す言葉も音によって相手に伝えられる．言葉に用いられる音を，他のさまざまな音と区別して**言語音**とか**言語音声**，あるいは**音声**（いずれも speech sound）と呼ぶ．時にこれをさらに短縮して単に音（おん）とも呼び，言語音以外のものもすべて含めた包括的な意味での音（おと）と区別する．

　「音声」には，広義には，せきやくしゃみ，しゃっくりなど発作的に生ずる非言語音も含まれるとする立場もあるが，本巻では言語音（声）と同じものとして取り扱う．この意味での音声について，それが話し手によっていかに作り出され，聞き手によってどのように知覚され，作り出された音声がどのような物理的特性をもっているかを解明する学問分野を**音声学**（phonetics）と呼ぶ．同じく言語音を研究対象とするが，それが言語において果たす機能に重点をおき，抽象的音体系・音構造を扱う分野を**音韻論**（phonology）と呼んで区別する．しかしながら，その境界線は必ずしも明確ではない．

　一口に「音声」といってもさまざまな意味合いで用いられる．日本語の五十音図において各行の音構成は，a, i, u, e, o という母音の前に子音 k, s, t, …などが付加された構成となっている．この場合，例えばサ行では a, i, u, e, o という母音の前に同一の子音 s が付いて構成されているといわれる．ここで「同一の子音」といわれているものは，日本人母語話者にとって同じであると認定され，同じものとして取り扱われているものである．このような観点から見た音声を**音素**（phoneme）と呼ぶ．しかしながら内省してみればすぐわかるように，母語話者にとって同じと認められるサ行子音も，イ段のシの子音は他の段のものと発音の仕方が異なり，聴覚印象も異なっている．このように，母語話者にとって同じと認識されながらも，実際には発音が異なる音声を同一音素の**異音**（allophone）と呼ぶ．

音素表記であることを明示する際にはスラッシュで囲んで, /s/ のように表し, 異音表記には角括弧を用い, [s] のように表示する (音素と異音について, より詳しくは第3巻『音韻論』を参照されたい).

一般にわが国では,「音声学」を単に「**発音法**」(pronunciation) の意味に極限し, 大学教育現場 (少なくともその一部) において「音声学」の名称のもとに, 実際には「発音法」教育が行われているのが実情ではないだろうか. しかしながら,「発音法」と「音声学」とは異なるものである. 発音法はあくまでも音声学の研究成果の応用面の一部にすぎないということは留意しておくべきであろう.

以下, 本章では一般音声学 (後述) の立場に立脚しながら, 音声学の全体像を概観することにする.

0.2 音声学の各分野

われわれが音声を使ってコミュニケーションを行う場合, 概略, 次のような過程をたどるものと考えられる. すなわち, まず, 話し手は脳内にある伝えたい意味内容を, 自らの音声器官を用いて音声化する. これを音声の**産出** (production) と呼ぼう. 話し手によって産出された音声は音波となって空気中を伝わってゆく. これが**伝播** (propagation) と呼ばれる段階である. 空気中を伝播してゆく音声は最終的には聞き手の鼓膜を通して脳内に達し, 当該音声 (連続) に対応する意味が喚起される. これが聞き手による**知覚** (perception) の段階である. このように音声が話し手から聞き手へと伝えられる過程 (厳密には, 話し手自身による自らの発話を自分自身の耳で聞いて確認するフィードバックの過程も含まれる) を「**言葉の連鎖**」(speech chain) と呼ぶことがある (Denes and Pinson 1993).

話し手による音声の産出, 産出された音声の伝播, そして, 聞き手による音声の知覚の三段階を, production, propagation, perception のそれぞれの頭文字をとって,「**3つのP**」(three Ps) と呼んでおこう. この3つのPのそれぞれに対応して, 音声学研究には3つの異なる分野が想定できる.

(1) 産出 (production) — **調音音声学** (articulatory phonetics)
　　伝播 (propagation) — **音響音声学** (acoustic phonetics)
　　知覚 (perception) — **聴覚音声学** (auditory phonetics)

上記 (1) の3つの音声学の分野は「言葉の連鎖」の各段階に対応した分類によるものであるが, 音声学は, さらに, その研究方法の違いによっても分類するこ

とができる．音声学，とりわけ調音音声学の研究においては，研究者は自らの母語の影響を受けずに，研究対象とする言語の音声を自在に発音し，正確に聞き分けることができる能力をもち，自己の主観的な判断を頼りに研究を進めてゆかねばならないが，このような方法によるものを**実践（あるいは実用）音声学**（practical phonetics）という．これに対し，各種の機器を用いて実験を行うことにより，客観的な立場から研究を行うものを**実験音声学**（experimental phonetics）と呼ぶ．いずれの方法で研究するにせよ，いずれか一方に偏った研究では十分でなく，常に他方の研究による裏づけが必要となることはいうまでもない．

音声学はまた，その研究目的によっても分類可能であり，もっぱらその理論的妥当性を追究する**理論音声学**（theoretical phonetics）に対して，言語教育，外国語教育，各種の発音矯正，言語障害者に対する発音訓練，音声分析・合成や音声情報処理などの工学系諸分野など，さまざまな分野への応用を目的とした**応用音声学**（applied phonetics）が存在する．障害者を対象とする研究は**臨床音声学**（clinical phonetics）と呼ばれる．また，犯罪捜査などに用いられる話者の同定などを扱う**法音声学**（forensic phonetics）も重要な応用音声学の1つである．さらに近年では，社会とのかかわりに重点を置いた音声研究も盛んになってきており，**社会音声学**（sociophonetics）と総称される．

本章では特定の個別言語の音声に限定せず，人間の自然言語の音声全般を視野に入れて，考察を進めているが，このような立場から音声研究を行うものを**一般音声学**（general phonetics）と呼び，各個別言語の音声学と区別する．各言語の音声学は**英語音声学**（English phonetics），**日本語音声学**（Japanese phonetics），**フランス語音声学**（French phonetics）などと呼ばれる．また，本巻で扱われるような，英語と日本語の音声を比較対照しながら研究する分野は**対照音声学**（contrastive phonetics）と呼ばれる．

以上で見たように，一口に音声学といってもさまざまな研究方法があり，とりわけ最近の実験的手法を用いた音声研究は日進月歩の様相を呈している．しかしだからといって，伝統的な調音音声学の必要性が減じたということには少しもならないという点は，ここで改めて強調しておくべきであろう．言語学研究を進めるうえでの基礎的な素養・技能として，また，外国語学習において発音や聴解力を養ううえでも，調音音声学に関する知識は欠くことのできないものであると考えられる．このような理由から本巻においても調音音声学的立場からの記述が大きな部分を占めることをお断りしておく．

0.3 音声器官

人間が言語音を産出するために用いる器官を**音声器官**（organs of speech, vocal organs）という．広義には産出された音声をフィードバックするための耳や聴覚・知覚機構全体まで含めることもあるが，通例は肺（臓）から唇・鼻孔に至る諸器官を指して音声器官という（図1）．時にこれに横隔膜を含めることもあるが，横隔膜は音声の産出に積極的に参与することはないと考えられる．注意すべきは，音声器官というと，言語をもたない他の動物にはなく，人間のみに具わっている言語音産出のためだけに用いられる器官が存在するかのような印象を与えるが，実際はそうではない，ということである．人間の生存にとって欠くことのできない呼吸器系・消化器系の諸器官を，いわば借用する形で音声産出に用いているわけである．以下，主な器官について概略を述べる（図1, 2, 3）．

まず，肺（lungs, 肺臓）は，音声産出には不可欠な空気の流れを作り出す．すなわち気流の起こし手（これを**始動体**（initiator）と呼ぶ）となる．肺から外に向かう気流を**肺臓呼気流**（pulmonic egressive airstream, 肺臓流出気流），逆に内に向かう気流を**肺臓吸気流**（pulmonic ingressive airstream, 肺臓流入気流）という．肺の容積が拡大すれば呼気流が生じ，逆に，容積が縮小すれば吸気流を生ずる．

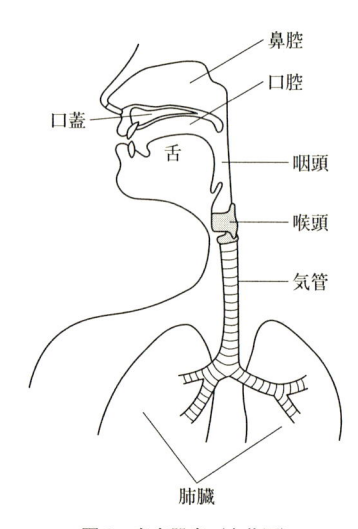

図1 音声器官（全体図）

0.3 音声器官　　　　　　　　　　　　　　　　5

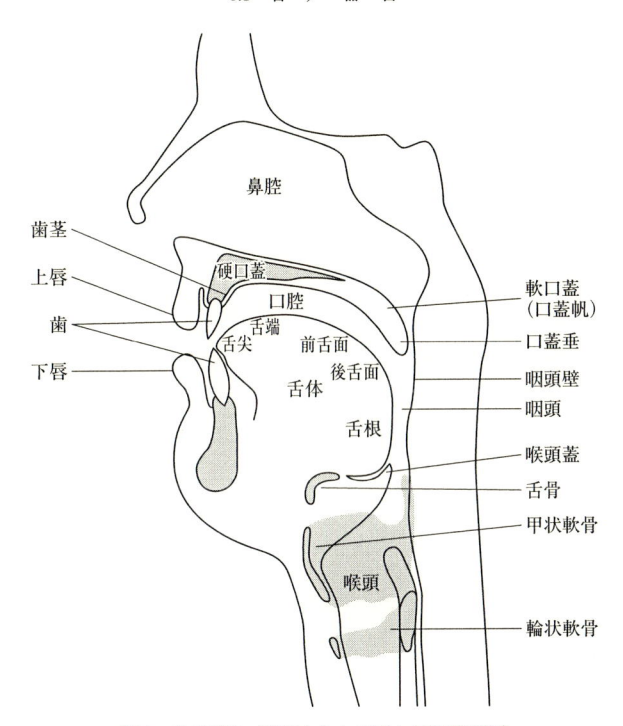

図2　音声器官（喉頭より上の正中矢状断面図）

　肺から流出した呼気流は**気管**（trachea, windpipe）を通って**喉頭**（larynx）に至る．喉頭は，俗にのど仏といわれている**甲状軟骨**（thyroid cartilage）によってその前面を覆われており，とりわけ成年男子ではその突出部が外からもはっきり見てとれる．声帯後部の端は一対の**披裂軟骨**（arytenoid cartilages）と結びついている．喉頭の内部には音声産出に際してきわめて重要な役割をもつ左右一対の粘膜のひだである**声帯**（vocal folds, vocal c(h)ords）が収まっている．その声帯間の空間を**声門**（glottis）と呼ぶ．声門は，前方部分の声帯声門と，披裂軟骨にはさまれた，後方の軟骨声門とに二分される．この二種の声門はそれぞれ独立に働き，そこを通過する呼気に対してさまざまな加工を施すことが知られている（詳しくは後述）．

　声帯を近づけて適度に狭められた声門を気流が通過することにより声帯の振動が生ずる．この声帯の振動数，いわゆる基本周波数（詳しくは第7章を参照）が声の高さを決定する．この声の高さの変動により，中国語をはじめとする言語群

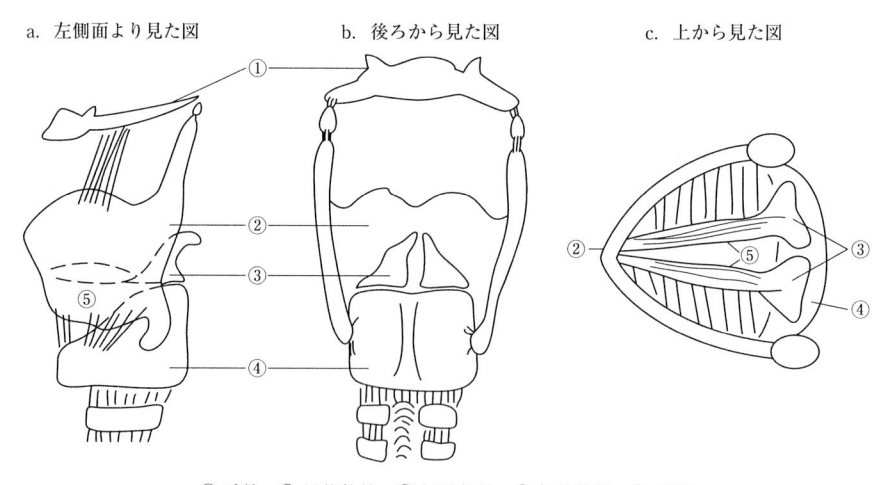

a. 左側面より見た図　　b. 後ろから見た図　　c. 上から見た図

① 舌骨　② 甲状軟骨　③ 披裂軟骨　④ 輪状軟骨　⑤ 声帯
図3　喉頭（Catford 1977: 94 をもとに作成）

の声調や，日本語のアクセント，さらには世界の諸言語のイントネーションなどが形成される．

　喉頭の上方には**喉頭蓋**（epiglottis）があり，飲食時に喉頭に蓋をする役目を担っており，飲食物の気管への侵入を防ぐ働きをするが，音声産出に対する積極的貢献は，少なくとも英語や日本語では，特に認められない．

　喉頭をさらに上に進むと**咽頭**（pharynx）に至り，そこから**口腔**（oral cavity）と**鼻腔**（nasal cavity）に分かれる．喉頭から体外に至るまでの咽頭，口腔，鼻腔を総称して，気流が通過する通り道（管）という意味で**声道**（vocal tract）という．声道は音声を産出する際に共鳴室として働く．なお，口腔，鼻腔は音声学界では従来からそれぞれ「こうこう」「びこう」と読むのが一般的であったが，最近では医学界の慣例に倣って，「こうくう」「びくう」という読み方も一般化しつつある．

　口腔の天井部には前から順に，**上唇**（upper lip），**上歯**（upper teeth），**歯茎**（alveolar ridge），**口蓋**（palate）の各器官が位置している．音声学で歯，歯茎という場合，通例，それぞれ上の前歯，上の前歯の内側の根元の肉の部分を指す．口蓋の前半部分は骨があるため，硬くなっており，そのため**硬口蓋**（hard palate）と呼ばれる．後半部分には骨がなく軟らかいため**軟口蓋**（soft palate）と称する．軟口蓋については，その背面に特に重点を置く場合は**口蓋帆**（velum）と呼ぶ．軟

口蓋の先端部分の突起は**口蓋垂**（uvula）と呼ばれる．軟口蓋は上下に可動的であって，持ち上がって口蓋帆が咽頭のうしろの壁（**咽頭壁**, pharyngeal wall; pharynx wall）に接触すると，鼻腔への通路が塞がれ，呼気は口腔にしか流れなくなる．逆に，軟口蓋が垂れ下がると呼気は鼻腔へ流れる．軟口蓋（および口蓋帆）は，呼気が鼻に抜ける鼻音と，そうでない口音とを区別する，いわばスイッチ機構の役目を果たしているわけである．

　口腔の床部分を構成するのは前から下唇（lower lip），下歯（lower teeth），舌（tongue）である．下歯については音声産出には積極的に関与しないとされる．舌は筋肉の塊りであって，多くの舌筋の働きによりさまざまな形状をとることができ，各種の言語音産出に参与する．音声器官中もっとも重要な器官であると考えられる．そのため名称も細かく分けられているが，それぞれの部分を隔てる解剖学上の対応物があるわけではない（ただし，後舌面と舌根との間には分界溝と呼ばれる V 字形の浅い溝がある（枡矢 1976: 44））．先端部分から順に**舌尖**（tip），**舌端**（blade），**前舌面**（front），**後舌面**（back），**舌根**（root）と呼ぶ．自然な安静時の状態で歯茎と向かい合っている部分が舌端であり，舌端の先端部が舌尖である．同様に，硬口蓋に対置するのが前舌面，軟口蓋に向き合うのが後舌面，咽頭壁に対しているのが舌根である．また，時に，前舌面と後舌面の境界付近を**中舌面**（center）として区別することもある．前舌面と後舌面とをあわせて**舌背**（dorsum）と呼ぶことがある．

0.4　言語音産出過程

　先に 2 節で見た「言葉の連鎖」における 3 つの P のうちの第 1 段階に相当する言語音の産出過程について，ここでさらに詳細に見ておきたい．人間が言葉を話す場合，次の 3 つの過程を経て，言語音の産出に至ると考えられる．

(2)　言語音産出に至る 3 過程
　　　第 1 段階：始動
　　　第 2 段階：発声
　　　第 3 段階：調音

以下，順次，この 3 過程について概略を述べる．

0.4.1 始　動

われわれの脳内にある，伝達したい意味内容を発話として具現化する場合，音声化にまずなくてはならないものは空気の流れ，すなわち気流を起こすことである．これを気流の**始動**（initiation）という．これが言語音産出の第1段階である．気流を始動させるための機構（これを**気流機構**（airstream mechanism）という）として以下の3つのものがある．

　(a) 肺臓気流機構（pulmonic airstream mechanism）
　(b) 声門気流機構（glottalic airstream mechanism）
　(c) 軟口蓋気流機構（velaric airstream mechanism）

(b) と (c) をまとめて非肺臓気流機構（non-pulmonic airstream mechanism）と呼ぶ．(a)～(c) 3種の気流機構のそれぞれに**外向的**（**流出的**）（egressive）なものと**内向的**（**流入的**）（ingressive）なものの2種が存在しうるため，理論上計6種類の気流機構が区別されうる．

　まず，(a) は肺を始動体とするもので，言語音産出にもっとも一般的に用いられるものであって，英語音も日本語音も，特殊な例を除き，すべてこの機構を用いる．方向は流出的な肺臓呼気流であって，流入的な吸気によるものは，例えば日本人が痛みをこらえたり，発話中に次の句が見つからず，考えながら息継ぎをする時などに，吸気のsが使われたりするが，言語音として用いられるのは特殊な発話を除いてまれである．

　(b) は喉頭（閉鎖された声門）を始動体とするものである．声門をしっかりと閉じた状態で口腔内に閉鎖を作り，喉頭を急に上昇させると外向的気流が生じる．このようにして作り出される音は**放出音**（ejective）と呼ばれる．逆に，喉頭を急に下降させ内向的気流を作り出すことにより産出される音は**入破音**（implosive）と呼ばれる．放出音も入破音も英語や日本語の音には見られない．

　次に，(c) は後舌面（軟口蓋との間に閉鎖を作った状態の後舌面）を始動体とするもので，後舌面と軟口蓋を固く閉じ，それより前方に別の閉鎖を形成した上で，後舌面を後方に急に引き，内向的気流を生じさせることにより作り出される．このように産出される音を**吸着音**（click）と呼ぶ．英語，日本語とも言語音としては用いられないが，両言語ともいわゆる「舌打ち音」としてこの音を用いることはよく知られている．軟口蓋気流機構による言語音はアフリカの諸言語に見られる．

　なお，いわゆる「呼気音」とか「吸気音」という言い方は肺臓気流機構の場合

にのみ用いられ，非肺臓気流機構の放出音，入破音，吸着音に関してこの表現を用いるのは適切でない．例えば，吸着音について，これが吸気で発せられるというようにいわれることがあるが，内向的気流によるというべきである．

0.4.2 発　声

次に言語音産出の第2段階に移る．肺から押し出された呼気は気管支，気管を経て喉頭に達する．その呼気が喉頭内の声門を通過する際に声門が気流に対してさまざまな加工を施す．これを**発声**（phonation）と呼ぶ．日常用語で「発声練習」などという時の「発声」とは意味が異なることに注意されたい．

声門のさまざまな状態の変化によって，発声のタイプが異なってくる（図4）．まず，呼吸をしている時のように，声帯が大きく開いており，肺からの呼気が自由に通り抜けることができる状態を**息**（breath）あるいは**無声**（voicelessness）と呼ぶ（図4a）．声帯は振動しない．息によって出される音を**無声音**（voiceless sound）という．

次に，声帯が閉じるか閉じないかの状態で，わずかな隙間を形成して，そこを肺からの呼気が通る時に，声帯が振動する状態を**声**（voice）と呼ぶ（図4b）．この状態で出される音が**有声音**（voiced sound）である．有声音を産出する場合，呼気は狭い隙間を通り抜ける際に速度を速め，その結果圧が下がるため，2つの声帯は吸い寄せられる．この現象は**ベルヌーイ効果**（Bernoulli effect）と呼ばれる．この開閉の繰り返しによって声帯振動が生ずるわけである．

なお，ここでいう「息」及び「声」も日常用語のそれとは異なる意味であることに留意する必要がある．無声か有声かを判断するには，のどに軽く手を触れて，振動の有無を感じとれるかどうか（振動があれば有声音），あるいは，両手で耳をふさいで頭に響く感じがあるかないか（響く感じがすれば有声音），などによって確認することができる．

次に，声帯声門が閉じるか狭まるかした状態で，軟骨声門が開いている状態を

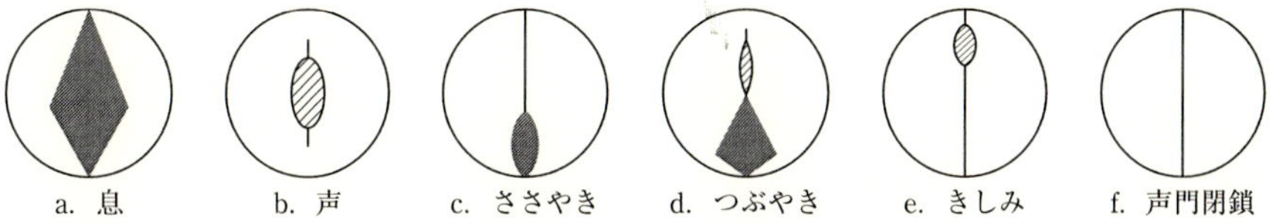

a. 息　　b. 声　　c. ささやき　　d. つぶやき　　e. きしみ　　f. 声門閉鎖

図4　声門の状態（Catford 2001: 52をもとに作成）

ささやき（whisper）と呼び，これにより生ずる音を**ささやき音**（whispered sound）という（図4c）．例えば，アバクロンビー（Abercrombie 1967: 137）によれば，his son の his の語末分節音は次の son の語頭分節音の影響で，ささやきで発音されることがあるという．

軟骨声門が開いて，声帯声門がわずかな隙間を作ることにより，振動が生ずる状態を**つぶやき**（murmur）と呼ぶ（図4d）．開いた軟骨声門から息が漏れ出るため，**息もれ声**（breathy voice, **息まじり声**）とも呼ばれる．英語の behind や behold などのように有声音間に生ずる /h/，いわゆる「有声の h」（[ɦ]）がしばしばこれで発音される．

また，軟骨声門が閉じ，声帯声門の前端の一部がゆっくりとした振動を繰り返す状態で，1回ごとの開閉が聞きとれるものを**きしみ**（creak）と呼ぶ（図4e）．できるだけ低い声で話すつもりで，これ以上は低くできない状態で話そうとする時に出てきやすい．「ひび割れ声」とでも形容すべきものである．

声帯声門，軟骨声門のいずれもが固く閉ざされ締め付けられた状態で，肺からの呼気が完全に遮断される状態を**声門閉鎖**（glottal stop）という（図4f）．このようにして作られた閉鎖を急激に開放することにより出される音を**声門破裂音**（glottal plosive）または**声門閉鎖音**（glottal stop）という．いわゆる「息を止めた」時には声門閉鎖が形成されている．

0.4.3　調　音

言語音産出の第3段階は**調音**（articulation）である．始動体の動きによって生じた気流に対して，喉頭より上の音声器官が各種の音を作り出すために咽頭や口腔などの共鳴室の形状を変える活動をすることを調音という．口蓋帆の開閉を調音に含める立場と，これを含めず，始動，発声，調音とは別の第4の過程，**口音・鼻音変換過程**（oro-nasal process）を設定する立場（例えば，Ladefoged and Johnson 2011）がある．ここでは口音・鼻音変換過程も調音に含め，始動・発声・調音の3段階説を採用しておく．なお，articulation の訳語を医学，生理学では「構音」という．

喉頭より上の音声器官で，調音にあずかる器官を**調音体**（articulator, **調音器官**）という．調音体のうち，舌や下唇のように調音に際し，積極的な役割を果たし，可動性をもった調音体を**能動調音体**（active articulator）と呼び，歯茎，硬口蓋，軟口蓋などのように，補助的で受け手となる調音体を**受動調音体**（passive articulator) という．能動調音体は概して口腔の床部分，受動調音体は天井部分に位置するため，能動調音体を**下部調音体**（lower articulator），受動調音体を**上部調音体**（upper articulator）と呼ぶこともある．しかし，例えば，口蓋垂は上部調音体であるが，口蓋垂ふるえ音を作る際には能動調音体として働くから，能動＝下部，受動＝上部とは必ずしもいえないので，注意が必要である．また，上述したように，喉頭は重要な発声器官であるが，声門破裂音を作る際には調音体として機能する点にも留意したい．

能動調音体が受動調音体に働きかけることにより，調音が行われる．調音の行われる部位を**調音点**（point of articulation）あるいは**調音位置**（place of articulation）と呼ぶ．「調音点」の「点」（point）という表現は，調音にかかわる部位がある程度の幅をもった面的なものであることを考慮すれば，不適切とも考えられるが，そのことを承知のうえあえて面的なものととらえて使用するのであれば差し支えないであろう．調音点は厳密には能動調音体と受動調音体の両方を組み合わせて両唇音（bilabial）とか唇歯音（labio-dental）などというが，通常は受動調音体のみを示して歯茎音（alveolar），（硬）口蓋音（palatal），軟口蓋音（velar）のように呼ぶのが慣例となっている．

呼気は各調音点において調音体によってさまざまな作用を受けるが，その作用の程度あるいは様態を**調音法**（manner of articulation，**調音様式**）と呼ぶ．これにより，調音体どうしが完全な閉鎖を作る**破裂音**（plosive）や，2つの調音体の間の狭い隙間を呼気が通り抜ける時に摩擦を生ずる**摩擦音**（fricative）などが区別される．そして，調音点と調音法をこの順に組み合わせて両唇破裂音とか唇歯摩擦音などのように規定する．

調音過程のうち，言語学的にもっとも重要なものは母音と子音を区別することであろう．**母音**（vowel）は調音時に口腔が比較的開いた状態になっており，呼気が舌や唇などにより妨害されることなく，自由に流れてゆく状態で産出される言語音であり，他方，**子音**（consonant）は呼気が調音体により妨げられて，流出が自由でないものである（母音，子音についてはそれぞれ第 2 章，3 章で詳しく扱う）．

0.4.4　発声と調音のタイミングのずれ

言語音産出過程には，発声と調音のタイミングのずれによって生じる現象がある．その代表的なものが**気息**（aspiration, **気音**）と呼ばれる現象である．英語で

は無声破裂音 /p, t, k/ が音節（音節については第 4 章を参照）の初頭にきた時に見られる．例えば，英語の pen と日本語の「パン」を比較した場合，日本語ではパンの [p] の閉鎖が解除された瞬間から次にくる母音のための声帯振動が始まり，閉鎖解除と同時に声が出始める．これに対して，英語では pen の [p] の閉鎖が解除されてもすぐには次の母音のための声帯振動が始まらない．つまり，[p] の閉鎖が解かれたあともしばらく息の発声が続き，その後，母音のための声帯振動が開始される．調音上の [p] の閉鎖解除と発声上の声の出だしにずれが生じているわけである．この現象を気息と呼び，気息を伴う破裂音を**帯気音**（aspirated, **有気音**），日本語のように気息を伴わないものを**無気音**（unaspirated）と呼ぶ．ここで，破裂音の閉鎖解除がなされて，声が出るまでの時間を**有声開始時間**（**声の出だしの時間**）（voice onset time, VOT）という．

英語において帯気破裂音が生ずるのは，peak, depend, team, attach, key, unkind などのように，/p, t, k/ が強勢音節の初頭に現れる場合である．paper の 2 つ目の p のように無強勢音節の初頭にきたり，mat, sick のように音節末に現れる場合には，気息はないか，あってもごく弱い．気息はあるかないかという二分法的なものというよりも，段階的な現象と見たほうがよいであろう．

また，強勢音節であっても，speak, steam, ski などのように /p, t, k/ に /s/ が先行する場合は無気音となる．なお，please, try, cure, quite などのように，/p, t, k/ のあとに母音が続かず，接近音 /l, r, j, w/ が後続する場合は，接近音の初頭部分が無声化するが，これも無声破裂音の帯気音化と同一の，発声と調音のタイミングのずれ現象と見てよい．

以上，言語音産出に至る 3 つの過程について概観したが，ここでもう一度肺臓呼気流による言語音産出過程をまとめておこう．

(3) 言語音産出過程（肺臓呼気流によるもの）
 ① 始動（肺臓呼気流）
  ↓
 ② 発声（声，息，ささやき，つぶやき，きしみ，声門閉鎖などの区別）
  ↓
 ③a 調音（口蓋帆の閉鎖と開放によりそれぞれ口音と鼻音の区別）
 ③b 調音（唇，口腔内で母音か子音かの区別，また各種母音・子音の区別）
 ③c 調音（唇の形状による円唇，平唇，普通唇の区別）

ここで，**円唇**（rounded lips）というのは唇をまるめて突出させた状態，**平唇**

(spread lips）は唇が左右に引っ張られた状態，**普通唇**（neutral lips）はそのいずれでもない状態を表す．

0.5 音声記号

音声は発せられた瞬間に消えてしまうものであるため，言語音を書き写すためのなんらかの記号が必要になる．通常のアルファベット表記は文字によって音声を表すことを意図した記号ではあるが，1つの文字が複数の音声を表したり，逆に，1つの音声に複数の文字が対応したりして，音声と文字の対応が必ずしも1対1になっているとは限らない．また，ある1つの音声表記法が，ある言語の使用者には便利であっても，他の言語の使用者には不都合ということもあり，普遍的な表記になっていないということもありうる．そこで，すべての言語に通用し，しかも音と文字の対応が厳密に1対1になるような記号が必要になる．

音声記号には各種のものが考案されているが，そのうちもっとも普及しているのが**国際音声学協会**（International Phonetic Association, 通例 IPA と略記される）によって定められた**国際音声字母**（International Phonetic Alphabet, 同じく IPA と略記）である（見返しの国際音声字母表を参照）．この字母表は1888年に最初に制定され，その後数次の改訂を経て今日に至っている（現行版は2005年改訂版）．IPAの音声字母はローマ字を基本としながらも，不足する分についてはローマ字を改変したり，他の文字体系から借用したりして補っている．さらに，必要な場合には**補助記号**（diacritics）を用いて，より詳細な音声識別を可能にしている．

IPAの音声字母はその名のとおり「字母」的な表記法であり，1つの音に対して1つの記号が対応するものである．しかし，かつてはそのような対応関係がない「非字母的」な表記法が案出されたこともある．非字母的表記というのは，1つの音を表すのに，音声産出上の始動，発声，調音に関する情報を各要素に分解して記号で表し，その記号を並列表記することによって表したものである．けれども，あまりにも煩雑で判読が困難であったため，普及には至らなかった．

なお，ここでいう音声字母のことを「音声記号」ということがあるが，厳密には，「音声記号」というのは字母的なものと非字母的なものとを総称する，より上位の概念である．以下，本巻ではあいまいさを生じない限りにおいて，「音声記号」は「音声字母」と同義に使用する．

一般に，音声表記のうち，字母をできるかぎりローマ字のみに限定し，やむをえない場合にのみ特殊な記号や補助記号を導入するような表記法を**簡略表記**（broad transcription）という．これに対し，記号を複雑化し，煩をいとわず補助記号を使用することにより，可能な限り音声的詳細を表そうとする表記法を**精密表記**（narrow transcription）と呼ぶ．どこまでが簡略表記でどこからが精密表記かを画然と区別するのはしばしば困難であるが，簡略表記はいわゆる音素表記，精密表記はそれ以上の詳細を表示した異音表記と考えておいてよいであろう．

0.6　国際音声字母表概観

ここで，国際音声字母について 2005 年改訂版によって概略を見ておこう（見返しの国際音声字母表参照）．まず，最上段の大きな四角で囲まれた表が子音のうち肺臓気流によるものを表している．上部の横に両唇音，唇歯音，歯音，…と並んでいるものが調音点によって子音を分類したもので，左ほど音声器官の前寄りのもの，右に進むほど音声器官の奥寄りのものを表している．顔が左を向いた音声器官の正中矢状断面図（図 2 参照）と重ね合わせたものを想起するとわかりやすい．左縦に並んでいる破裂音，鼻音，…が調音法を表す．概略，上方ほど狭めが狭く，下に行くほど狭めの程度が開いていると考えておけばよいであろう．表中のそれぞれの枠の中に字母が 2 つ並んでいる場合は左側が無声音，右側が有声音を表す．枠内に字母が 1 つしかない場合も左右いずれかに偏って配置されている（大半は右側に寄っているから有声音である）．黒く塗りつぶされている部分は，音声器官の構造上調音が不可能とされるものを表す．

肺臓気流による子音表の左下にある四角い表が吸着音，有声入破音，放出音を含む非肺臓気流による子音表である．その右側には母音四辺形が配置されている．母音は横軸に左から前舌，中舌，後舌母音の順に並んでおり，縦軸には上から順に口蓋と舌の最高点との距離が下にゆくほど広がってゆくように，狭，半狭，半広，広母音の順に配列されている．母音を分類する際に口蓋と舌面との距離ではなく，舌の高まりを基準として，高母音，中母音，低母音のように 3 段階に区分する方法も，特にアメリカ系の学者を中心に行われており，本巻第 2 章の母音の記述はこちらに基づく（詳しくは第 2 章を参照）．

母音の音声記号が左右一対になっている場合は左側が非円唇，右側が円唇母音を表す．母音表からさらに下って左側にその他の記号，補助記号，そして右側に

は強勢，長さなどを含む超分節記号と，声調やイントネーションなどを表示する調子および語アクセントのための記号が配置されているが，詳細は省略する．

🔍 より深く勉強したい人のために

- Abercrombie, David (1967) *Elements of General Phonetics*, Edinburgh: Edinburgh University Press.
  一般音声学の重要な概念をわかりやすくコンパクトにまとめた，この分野の古典的名著．やや古いが，その価値は少しも減じてはいない．一度は読んでおくべきもの．
- Catford, J.C. (1977) *Fundamental Problems in Phonetics*, Edinburgh: Edinburgh University Press.
  言語音産出過程の分析に空気力学的視点を取り入れた，重要な研究．内容的にやや高度であるが，挑戦してみる価値は十分にある．
- International Phonetic Association (1999) *Handbook of the International Phonetic Association: A guide to the use of the International Phonetic Alphabet*, Cambridge: Cambridge University Press.（竹林滋・神山孝夫（訳）(2003)『国際音声記号ガイドブック―国際音声学会案内―』大修館書店．）
  国際音声記号（国際音声字母）を使いこなすための文字どおりのハンドブック．日本語版も出版されている．
- Laver, John (1994) *Principles of Phonetics*, Cambridge: Cambridge University Press.
  現在出版されている音声学の概説書の中ではもっとも詳細なものの１つ．音声学の初心者から上級者に至る各層の読者に，一般音声学の包括的知識を提供してくれる．

発音辞典は数種類出版されているが，2点のみ挙げておく．

- Jones, Daniel (edited by Peter Roach, Jane Setter and John Esling) (2011) *Cambridge English Pronouncing Dictionary*, 18th Edition, Cambridge: Cambridge University Press.
- Wells, J.C. (2008) *Longman Pronunciation Dictionary*, Third Edition, Harlow: Pearson Education Limited.

✏️ 演習問題

1. 言葉の連鎖における「3つのP」とは何でしょうか．また，その3つに対応する音声学研究の3分野についても答えなさい．
2. 言語音産出の3つの過程について考察しなさい．
3. 気息（aspiration）とはどのような現象か，発声と調音の観点から説明しなさい．

文献

上野善道 (2004)「音の構造」風間喜代三・上野善道・松村一登・町田　健『言語学　第 2 版』東京大学出版会：195-250.

枡矢好弘 (1976)『英語音声学』こびあん書房.

Abercrombie, David (1967) *Elements of General Phonetics*, Edinburgh: Edinburgh University Press.

Catford, J. C. (1977) *Fundamental Problems in Phonetics*, Edinburgh: Edinburgh University Press.

Catford, J. C. (2001) *A Practical Introduction to Phonetics*, Second Edition, Oxford: Oxford University Press.

Denes, Peter B. and Elliot N. Pinson (1993) *The Speech Chain: The Physics and Biology of Spoken Language*, Second Edition, New York: W. H. Freeman and Company.

Ladefoged, Peter and Keith Johnson (2011) *A Course in Phonetics*, Sixth Edition, Boston, MA: Wadsworth.

Laver, John (1994) *Principles of Phonetics*, Cambridge: Cambridge University Press

Ogden, Richard (2009) *An Introduction to English Phonetics*, Edinburgh: Edinburgh University Press.

第1章 英語の標準発音と各種の変種

三浦　弘

1.1 標準発音とは

　標準的な（standard）英語発音は国や地域の特徴を多少もっているが，どこの標準発音も比較的似ているので，どこでもよく通じる発音である．それに比べて地域訛りの強い（broad）発音は母語話者どうしでもすべて理解できるわけではない．日本語には共通語はあっても標準語はないが，英語の場合，公共放送や英語教育のモデルとして用いられる標準発音には規範性が含まれているので，教養の高い人々の英語とみなされる傾向がある．

　日本語の「方言」という語の意味には発音の違いも含まれるが，これにほぼ一致する英語は，dialect ではなく，variety である．dialect は一般に「方言」と訳されるが，「語彙・文法・語順」に関する差異を指す語であって，日本語では「俚言（げん）」（俗言（ぞくげん））に近い意味である．英語では発音上の違いに言及するとき，「地方訛り」のみならず，世代差，性差，階級差，学歴差なども含めて，accent という語を用いて表現する．accent というと，語や文の「強勢」の意味もあるが，発音を意図した「方言」（変種）も accent なのである．つまり，日本語の「方言」に相当する英語は，variety であることをおぼえておきたい．

　標準発音の形成に関する社会言語学の用語を確認しておくと，どこの標準発音も比較的似ているという理由がわかりやすくなる．米国やカナダの英語には，地理的，地域的な変種があまり多くはないが，労働者階級（working class），つまり，学歴が高くない人々の方言には変種が非常に多い．訛りが強く，少しだけ離れた地域にも変種が生じやすい．仲間の集団ごとに変化することもある．訛りの強い地域方言は**下層方言**（basilect）と呼ばれる．

　どの国でも上位中流階級（upper middle class）は，学歴も社会的な地位も高い比較的裕福な人々であるが，彼らの発音では地域性が薄れてくる．地理的な差異がなくなってくる．**上層方言**（acrolect）と呼ばれ，変種の数が極端に少なくなり，イングランド南東部（ロンドンとその周辺）とか，アイルランド南部（ダブ

リンとその周辺）の広い地域ごとに1つ存在する程度である．

上層方言と下層方言の中間にあるのが**中層方言**（mesolect）であり，ビジネスマンや商店主，専門職従事者も含む中産階級（middle class）の発音である．変種の数は下層方言よりは少なくなるものの，上層方言よりは相当増える．社会的方言差は明瞭な母音の音価で判断されることが多いが，音素体系が完全に分離しているわけではなく，「方言の漸次的連続体」（accent continuum）とみなされている．階層方言間で混ざり合い，少しずつ部分的に音素が変異している．

子音についてももちろん相違はあるもので，地理的距離にかかわらず，階級間に共通する発音もある．例えば，ロンドンの下層方言であるコックニー（Cockney）に見られる **TH音の前方化**（TH Fronting）と呼ばれる現象（/θ/ → [f], /ð/ → [v]；*think* を [fɪŋk] と発音するなど）は，スコットランドの下層方言にも生じている．

1.2　米国の発音

米国の発音は英国の発音に比べて地域による方言差は少なく，一般に3つの方言に大別される．**北東部方言**（Northeastern），**南部方言**（Southern），**一般米語**（General American，以下 GA と略す）である．

北東部方言は「ニューイングランド」（New England）として一括される六州の発音である．南部方言はアパラチア山脈以南で，東はメリーランド州，西はテキサス州にわたる南部地方の方言である．残りの広大な地域は，米国では「中西部」（the Middle West，あるいは the Midwest）と呼ばれ，その地方の発音が GA であるといわれている．しかし，中西部の中には，東海岸のニューヨークも含まれ，実際には，ニューヨーク，シカゴなどの中部の都市，西海岸の諸都市ではそれぞれ変種が見られる．また，近年では，五大湖南側の北部諸都市（シカゴ，デトロイト，クリーヴランド，バッファローなど）では，「北部都市母音推移」（the Northern Cities Shift）と呼ばれる一連の母音変化が生じている．

GA を母音音素の対立で2つの地域に分類すれば，地図上でペンシルベニア州南西部のピッツバーグから，オレゴン州とカリフォルニア州の州境を直線で水平に結んだ線の北側と南側に分けられる．この中西部北側は時には「北部」と呼ばれることもある．中西部南側の発音は，カナダ英語の発音とほぼ同様で，*palm* の母音と *thought* の母音が同じである．中西部南側の発音だけを GA とみなす研究者

もいれば，カナダ英語を含めて**北米英語**（North American English）とまとめられることもある．このように GA の音素体系は 1 つではないので，注意する必要がある．また，都心部（スラム街など）のアフリカ系アメリカ人は GA とはまったく異なる英語を話している．そのような非標準英語は俗に**黒人英語**（Black English）とか**エボニクス**（Ebonics）と呼ばれている．

1.3　米国標準発音

　北東部方言や南部方言を話す知識人ももちろんいるのであるが，一般には教養を身につけた大部分の米国人が話している英語が GA であるとみなされている．また，米国のテレビやラジオから聞こえてくる国際放送の英語が GA である場合が多く，GA は**放送網英語**（Network English）とも呼ばれているために，米国標準英語（「標準英語」は発音のみならず，語彙や文法も含む）の学習者がモデルとする米国標準発音は前世紀以来 GA ということになっている．GA を英語教育のモデルとしているのは，米国への移民教育はもちろんであるが，中南米諸国，太平洋戦争後のフィリピン，日本，そして 1980 年代以降の韓国だけである．ユーラシアとアフリカの国々では英国標準英語を用いている．しかし，近年では徐々に米国標準英語が広がりつつある．GA は広域地域方言の集合体のようなものであるが，北東部方言が英国南部の方言に似ていたり，南部方言の短母音が二重母音化しやすい傾向（*man*/mæm/, *lip*/lɪəp/ など）にあったりするような顕著な特徴が見られない．そのため地域性が薄いというようにみなされていることも標準発音となった理由であろう．

　日本の学校教育では太平洋戦争後，発音のみならず，綴り字や語彙・文法も含めて，米国標準英語が英語学習の主要なモデルとされている．しかし，いわゆる「巻き舌」の R は多少意識されていても，下記に列挙する米国標準英語を英国標準英語と区別する特徴のいくつかは，大学生になっても完全には習得できない傾向がある．母音や子音の音価が，GA の場合，日本語と大きく異なっているからである．極端に表現すれば，標準英語の音価は英国標準英語の方が幾分日本語に近い．アイルランド英語ならアイルランド語（短母音も長母音も 5 つずつ）の影響があってなおさらである．

　米国標準発音の 1 つの大きな特徴は，**R 音変種**（rhotic）であり，すべて接近音の R 音が用いられるということである．綴り字で表現される，母音字＋r/re の

箇所では，子音の前でも，語末や文末でもあらゆる場合に R 音が発音される．

car, cart, bar, Bart, for, fork, acquire, acquired, teacher, doctor, popular
のように強母音でも弱母音でも同様である．もっともこの場合の弱母音というのは，英和辞典の発音記号では音声に忠実に /ɚ/ と表記されることが多いが，音素論では母音ではなく子音，つまり音節主音の /r̩/ ということになる．また，この音は /ər/ と表記することも可能であるが，これは「二字一音」(digraph) であることにも注意したい．さらに，R 音変種であるということは，GA 母音の音素体系にも影響がある．母音の数が英国標準英語などよりも少なくなる．英国標準英語では二重母音である *beard* や *tour* の母音は，GA では /ɪr, ʊr/ となるので，音素的には二重母音ではないからである（実際には母音から R 音への舌のわたりが生じるので二重母音化している）．

ちなみに，米国と英国の発音に発達上の変化が生じ始めたのは，1750 年以後であるが，イングランドで R 音変種の地域方言といえば，南西部（ウェストカントリー）方言である．17 世紀にイングランドから米国に渡った移住者たちは，メイフラワー号がプリマス港から出帆したことからもわかるように南西部の出身者が多かった．彼らの発音が現在の米国英語を特徴づけているともいえる．誤解してはいけないことは，17 世紀の発音は，イングランド南東部でも R 音変種であったことである．18 世紀後半からイングランド南東部の発音が変化したのに，イングランド南西部とアメリカに渡った英語の GA は非 R 音変種には変わらなかったということである．

米国とカナダの話者の R 音は，舌先が後部歯茎よりも後方へ反り返った接近音になる傾向がある．そのために「巻き舌」と表現されるのであるが，音声学では**そり舌音**（retroflex）と呼び，精密表記では [ɻ] と表す．しかし，GA 話者の多くは別の調音方法で R 音を発音している．それは**盛り上がり舌の R**（bunched R）と呼ばれるもので，舌のアーチ形状が軟口蓋に近づいて軟口蓋化されると，その音色はそり舌音に近似する．これは GA 話者の「R 音性」(rhoticity) というデフォールトな**調音器官設定**（articulatory setting, voice quality setting）があるために，母音のみならず子音までも R 音化するための手段である．ちなみに，GA 話者の多くには「半連続的な鼻音化」(semi-continuous nasalization) という調音器官設定もあって，軟口蓋が幾分下がって，母音はほとんど鼻音化されてしまっている．そのため，全体的に鼻にかかった声で話されることが多い．

現在の英国標準発音に見られる円唇広母音 /ɒ/ は GA には存在しない．*hot* や

dog の母音は，日本の中学校の英語教科書などには 1970 年代以前の英国標準発音の発音記号 /ɔ/（円唇半広母音）がいまだに示されている場合があるが，GA では /ɑː/（非円唇，中西部南側），あるいは /ɔː/（円唇，中西部北側）という長母音になる．GA は事実上 1 つの方言ではないので，音素体系を 1 つにまとめることはできない．

　子音についても同様で，*why, where* の語頭の子音は，/w/（有声）あるいは /ʍ/（無声）である．GA のこの子音はしばしば無声音であるといわれるが，有声音を用いる話者の方が圧倒的に多い．また，この無声音は辞書などでは便宜上 /hw/ を用いるが，二字一音で /ʍ/ を示していることにも注意が必要である．

　GA の L 音は，母音の前でも子音の前でも発話末でも，あらゆる環境で軟口蓋化した**暗い L**（dark L, [ɫ]）になるといわれている．しかし，よく観察してみると，英国標準英語と同様に母音の前では多少硬口蓋化した**明るい L**（clear L）で話す話者の方がずっと多い．母音の前でも暗い L を使う GA 話者は一部であり，そのような発音を音響分析すると，第 2 フォルマントの周波数が低めで 1000 Hz 以下となり，音価は /w/ のように聞こえる．

　米国標準発音である GA の，もっとも顕著な特徴は T 音にある．T 音が強勢音節の終わりにあって，弱音節が後続するとき，有声化した [t̬] となる．破裂音の異音ではあるが，舌端の歯茎への接触が一瞬であり，ほとんど帯気音化しないので，**たたき音の R**（tapped R）ともみなされる．つまり [ɾ] と表記できる．*water, butter, writer* などに見られ，その結果，GA では，*writer* と *rider*，*catty* と *caddy*，*metal* と *medal* の発音はほぼ同一となる．まったく同じ発音を用いる話者もいれば，強勢母音の持続時間に若干の差異（音素が硬音である場合に母音が短縮化される）を示す話者もいる．さらに日常会話では無強勢音節の前の /nt/ の /t/ が脱落して，/n/ も鼻音化したたたき音（nasalized tap）で発音されることから，*winter* と *winner*，*banter* と *banner* の発音の区別がまったくなくなることがある．

1.4　英国の発音

　英国には無数の英語方言がある．英国の方言は地域のみならず，社会階級を反映していて，英国人は発音を社会階級の目印として強く意識している．地域方言はイングランド地域だけでも，首都圏（グレーターロンドン），南東部（ロンドン周辺），南西部（ウェストカントリー），中部，北部，北東部，東部（イーストア

ングリア），北西部（マージサイド）の 8 つに大分類できる．さらに都市部の（特に労働者階級の）地域方言は独特で，ロンドンなら「コックニー」（Cockney），リバプールなら「スカウス」（Scouse），マンチェスターなら「マンキューニアン」（Mancunian），バーミンガムなら「ブラミー」（Brummie），ニューカッスルなら「ジョーディー」（Geordie）等々と呼ばれ，多数の都市方言がある．ウェールズ地域では，北部と南部に二分でき，スコットランド地域の英語も，北西部の高地地方と南東部の低地地方の 2 つに大分類できる．

1.5 英国標準発音

英国の標準発音を指す用語としてもっとも多用されてきた名称は，**容認発音**（Received Pronunciation）であろう．「容認発音」という用語はエリス（Ellis, A.）が先に使用したものであったが，ジョーンズ（Jones, D.）がこの用語を採用し，略語を RP と命名したことにより（Jones 1926），広く普及することになった．彼は初め「パブリックスクール発音」（Public School Pronunciation, PSP）（Jones 1917, 1924）としていたが，ワイルド（Wyld, H. C.）が同種の発音を Received Standard と呼んだために名称を変更したようである．RP は 20 世紀初頭の英国（特にイングランド）のパブリックスクールにおける共通語であったが，ジョーンズの PSP（RP）の定義は「全寮制の名門パブリックスクールで教育を受けた男性のいる，イングランド南部の家庭の話しことば」（Jones 1917）だった．RP という略語が生まれた翌年，1927 年に英国放送協会（BBC）が設立され，ジョーンズは話しことば委員会の主席顧問にまでなり，RP が BBC の放送で使用され，英国標準発音として広まることになった．RP は元来 **BBC 発音**（BBC pronunciation）であったといえる．

近年出版された書籍では，現在の英国標準発音に別の名称を与えている．BBC Pronunciation とか General British とか Standard Southern British English とかさまざまだが，コリンズ（Collins, B.）とメーズ（Mees, I. M.）は**非地域発音**（Non-Regional Pronunciation, NRP）（Collins and Mees 2008），アッシュビー（Ashby, P.）は**現代容認発音**（Modern Received Pronunciation, MRP）（Ashby 2011）を採用している．非地域発音という用語は社会階級方言を暗示させるが，元々 RP はパブリックスクールという階級方言であり，略語の NRP が新しい（new）RP にも通じるのでよさそうである．しかし，現代容認発音の方が 20 世紀と 21 世紀の標準

英語の違いをはっきりと示しているので，以下の本章では，現在の英国標準発音を MRP と呼ぶことにする．

1.6 コックニー

強い訛りがあるロンドンの下層方言を**コックニー**（Cockney）と呼ぶことはよく知られている．コックニーの特徴は発音のみならず，**押韻俗語**（rhyming slang）という複雑な隠語にあって，*believe* を 'Adam and Eve'，*lunch* を 'kidney punch' と表現するような多数の語彙がある．そのような押韻俗語はビンゴゲームの数字の呼び名に用いられているので，英国人には馴染みがある．*cockney* という語は中英語（Middle English）の *cocken ey* "cock's egg"（雄鶏の卵，小さくて歪んだ卵）の意味で，少なくとも 17 世紀初めに「ロンドン市民」を指す語として使われているが，その語句自体は 14 世紀頃からある滑稽な昔話に端を発している．

さて，コックニーの発音は独特なもののように聞こえるが，それは標準発音から大きく母音が推移（vowel shift）しているためであると思われる．しかし，音素体系は明らかにイングランド南東部方言のパターンを示していて，近似容認発音や標準発音との連続体であることがわかる．母音推移の方向は上げ，下げ，前舌化，後舌化とつながりがなく複雑であるが，音素対立のパターン，つまり，音素の数と語彙グループの対応がほぼ一致している．また，RP や MRP と比較すると，コックニーの発音が次世代の英国標準発音の変化をいち早く反映してきたと見られるので，言語変容の観点からも重要な変種である．

子音の特徴としては，まず **H 音の脱落**（H Dropping）が挙げられる．標準語にも見られる *hour* や *honest* に加えてすべての語頭の H 音が脱落する．TH 音の前方化と **TH 音の閉鎖音化**（TH Stopping）も見られる．TH 音の閉鎖音化というのは，*this* や *they* のような語の語頭の /ð/ が /d/ で発音されることをいうが，コックニーの場合は，発話頭（ポーズの後）で話されるときだけである．

有声硬口蓋接近音 /j/ には，ヘブライ語字母の「ヨッド」（yod）という名称が与えられているが，**ヨッドの脱落**（Yod Dropping）という音韻変化が GA と同様に生じる．「歯茎音＋ヨッド」に /uː/ が後続するとき，ヨッドが落ちる．例えば，*new, tune, student, duke* は，MRP ではゆっくり発音すると，/njuː, tjuːn, stjuːdnt, djuːk/ であるが，GA やコックニーではヨッドを落として，/nuː, tuːn, stuːdnt, duːk/ と発音する話者が多い．また，ヨッドの脱落の代わりに，/njuː, tjuːn, stjuːdnt, djuːk/

からヨッドの融合（Yod Coalescence）が生じて，/tʃuːn, stʃuːdn̩t, dʒuːk/ と発音する話者もいる（/njuː/ は常にそのまま）．

L音の母音化（L Vocalization）も生じている．それは暗いLが用いられる環境，つまり，子音の前や発話末のL音が，母音 /o/ で代用されることである．また，T音の声門音化がコックニーの顕著な特徴である．さらに，-ing の /-ɪŋ/ を /-ɪn/ と発音する傾向も残っている．ちなみに，そのようなG音を落とした発音は，18世紀のイングランドでは上層方言の特徴であった．以上のように，コックニーには英語発音が変化する代表的な傾向の多くが含まれている．

1.7　河口域英語

英国発音の新しい変種で，ローズウォーン（Rosewarne, D.）による1984年の新聞記事をきっかけとしてジャーナリズムを通して知られるようになった発音に，**河口域英語**（Estuary English，以下EE）がある．EEは20世紀の伝統的なRPとコックニーの混ざりあったような発音で，初めはロンドンからテムズ川下流域の周辺地域に広がったためにこのような名称が付けられた．EEは徐々にロンドンへの通勤圏の諸都市にも広まる結果となった．EEは文法や語彙がMRPと同じであり，ほとんどの母音がRPに近いので，下層方言のような印象はもたれない．しかし，下記の特徴をコックニーや**一般ロンドン発音**（Popular London）と呼ばれるロンドンの中層方言と共有するために，上層方言のイメージが薄れて，大衆に親しみをもって受け入れられる．それでテレビでもスポーツ番組のコメンテーターなどが真っ先に使い始めたのであろう．

EEの代表的な特徴は，母音では二重母音に見られる．MRPの /aɪ, aʊ/ がそれぞれ一般ロンドン発音の /ɑɪ, æʊ/ で発音される．ちなみにコックニーではこれらの母音は /ɒɪ, æː/ となるので，これらの母音はコックニーまで推移しているわけではない．それに加えて，子音にはL音の母音化とT音の声門音化というコックニーの特徴が含まれている．また，ヨッドの融合もMRPとは異なるEEの特徴である．したがって，ロンドン方言の印象が伝わってくるが，コックニーとは明らかに異なっている．例えば，サッカーのベッカム選手の発音は，EEではなく，コックニーである．また，EEは決してMRPの連続体ではないので，MRPとは異なるが，英国内の各地でEEが使われ始めていることから，MRP同様に，非地域発音になりつつある．このような傾向は英国という階級社会の上層部が表面的に

大衆に歩み寄る手段ではないかと感じられる．

🔍 より深く勉強したい人のために

- Hughes, Arthur, Peter Trudgill, and Dominic Watt (2012) *English Accents and Dialects: An Introduction to Social and Regional Varieties of English in the British Isles*, Fifth Edition, London: Hodder Education.
  英国英語の発音変種が簡潔にまとめられている．1979年の初版から4回の改訂を経て，第5版では24地点の変種が取り上げられている．録音音声は online recordings として，出版社のウェブサイトで聴くことができる．
- Jenkins, Jennifer (2009) *World Englishes: A Resourse Book for Students*, Second Edition, London: Routledge.
  世界の英語について，社会言語学的かつ音声学的な考察がなされており，セクションDには主要基本文献が再録されていて，包括的な入門書として最適である．
- Altendorf, Ulrike (2003) *Estuary English: Levelling at the Interface of RP and South-Eastern British English*, Tübingen: Gunter Narr.
  著者がデュッセルドルフ大学に提出した博士論文を改訂したもので，EE についてこれほど詳細な出版物は類を見ない．

✏️ 演習問題

1. 次の語の GA と MRP を音素記号で表記しなさい．
   (1) *clerk*　(2) *engrave*　(3) *hostile*　(4) *laboratory*　(5) *controversy*
2. 次の発音が GA か MRP かを判断しなさい．
   (1) pɔː (*poor*)　(2) ˈkrezn̩t (*crescent*)　(3) frʌnˈtɪr (*frontier*)
   (4) ˈdɑːsl̩ (*docile*)　(5) təˈmɑːtəʊ (*tomato*)
3. 次の発音がコックニー (C) か河口域英語 (EE) かを判断しなさい．
   (1) ˈfɪŋkɪn (*thinking*)　(2)ænd (*hand*)　(3) kwaɪəʔ (*quiet*)
   (4) ˈfevə (*feather*)　(5) ˈwɒnɪd (*wanted*)

📖 文献

Ashby, Patricia (2011) *Understanding Phonetics*, London: Hodder Education.
Celce-Murcia, Marianne, Donna M. Brinton, Janet M. Goodwin, and Barry Griner (2010) *Teaching Pronunciation: A Course Book and Reference Guide*, Second Edition, Cambridge: Cambridge University Press.
Collins, Beverley and Inger M. Mees (2008) *Practical Phonetics and Phonology: A Resource Book for Students*, Second Edition, London: Routledge.

Jones, Daniel (1917) *An English Pronouncing Dictionary*, London: J. M. Dent.

Jones, Daniel (1924) *An English Pronouncing Dictionary*, Second Edition, with Supplement, London: J. M. Dent.

Jones, Daniel (1926) *An English Pronouncing Dictionary*, Third Edition, with Revised Introduction, London: J. M. Dent.

Roach, Peter (2009) *English Phonetics and Phonology: A Practical Course*, Fourth Edition, Cambridge: Cambridge University Press.

Svartvik, Jan and Geoffrey Leech (2006) *English: One Tongue, Many Voices*, Basingstoke: Palgrave Macmillan.

Teschner, Richard V. and M. Stanley Whitley (2004) *Pronouncing English: A Stress-Based Approach with CD-ROM*, Washington, D.C.: Georgetown University Press.

Wells, J. C. (1982) *Accents of English* (3 vols), Cambridge: Cambridge University Press.

第2章 母音

平山真奈美

発話は呼吸などで途切れる場合を除いては連続体であるが，言語学ではこの連続体を個々の音の連鎖であると分析することが多く，これら個々の音を**分節音**（segment）と呼ぶ．分節音は**子音**（consonant）と**母音**（vowel）に分かれ，本章は母音を扱い，子音は次章で扱う．また分節音の上に被さる**超分節音的な**（suprasegmental）特徴は第5, 6章で扱う．

音声学の3つのアプローチのうち，本章では**調音音声学**（articulatory phonetics）の観点から記述を行う．母音の調音的記述といっても，連続体である発話のどの部分を記述するのかという疑問が生じるが，本章では次のような考え方に従う．分節音の発音の際にはターゲットがあって，つまり発話の連続体は，あるターゲットの音から次のターゲットの音へとスムーズに移行している状態であると考える．そして，このターゲットとなっている部分の発音を記述の対象とする．

本章ではまず母音記述の一般的な項目にふれ（母音と子音の違い（2.1節），母音の分類基準（2.2節），母音を記述する時の枠組み（2.3節）），次に英語と日本語の母音体系を比較したうえで（2.4節），個々の英語の母音を日本語と比較しながら概観する（2.5節）．最後に母音の長さと（2.6節），発話上の特徴の1つである母音の無声化についてふれる（2.7節）．

2.1 母音と子音の違い

母音と子音の違いは抽象的な見方と具体的な見方ができる．抽象的（あるいは音韻論的）には，母音は音節の中心となる要素であり，子音は（特別な場合を除いて）音節の周辺的な位置を占める要素である．例えば「蚊」/ka/ の母音は /a/ で子音は /k/ である（/ / は音素の記述，角括弧 [ ] は実際の発音の記述に用いる）．具体的（あるいは音声学的）な子音と母音の違いは，発音時に観察される音声器官の狭めの程度の違いからとらえることができ，相対的に子音の調音の方が母音の調音よりも狭めがより大きい．

しかし，音声学的な観点からの区別は複雑で，他の観点も加味しないと子音と

母音を区別できないことがある．例えば，yes の最初の子音 /j/ と eat の母音 /i/ の音声器官の狭めを比べると，両者に違いはほとんどないかもしれない．しかし，両者は調音がどれだけ安定しているかに違いがあり，子音 /j/ は即座に次の母音に移ってしまうのに対して，母音 /i/ は比較的安定した調音である．

次節では，母音について音声学的に分類を試みる場合の伝統的な方法を紹介する．

2.2 母音の分類基準

母音の分類には，調音的な基準と，音節がかかわる基準があり，母音の記述にはこの2つが併用されることが多い．まず調音的な点から説明する．

母音の調音では，通常軟口蓋が持ち上がって鼻腔への空気の流れが遮断される（軟口蓋が下がって鼻腔からも空気が流出すれば鼻母音）．また通常母音を発音する時は声帯が振動している，つまり有声音である（声帯が振動しない場合は 2.7 節に後述）．さらに母音の調音に主にかかわるのは，舌尖を除いた舌面と唇で（舌尖は下の前歯の背後におかれる），この舌の位置と唇の形をさらに細かく見ることで，詳細な母音の分類が行われる．

まず舌の位置であるが，ここで「位置」というのは，母音を発音する時に舌の中で高く持ち上がる部分の位置を指す．この高い部分が口腔内の前の方か後ろの方かという前後方向の相対的位置と，どれくらい高いかの上下方向の位置が重要となる．例えば，日本語の母音「イ」では舌の一番高い部分は前舌面にあって口腔内の前の方にあるので，この母音は**前舌母音**（front vowel）に分類される．これに対し「オ」は，それが後舌面で口腔内の後ろの方にあるので**後舌母音**（back vowel）に分類され，また「ア」はこれらの中間にあるので**中舌母音**（central vowel）に分類される．

また，舌の高い部分の高さを見ると（これを**母音の高さ**（vowel height）と呼ぶ），比較的高い母音（**高母音**，high vowel），低い母音（**低母音**，low vowel），これらの中間の高さの母音（**中母音**，mid vowel）に大別できる．例えば，日本語の「イ」は高母音，「エ」は中母音，「ア」は低母音である．なお，舌の高さは，調音的には顎の下がり具合に連動していて，高母音より中母音の方が顎が下がり，低母音はさらに下がって調音される．鏡を見ながら，「イ」「エ」「ア」の順で発音すると，顎がだんだん下がっていく（そして口が開いていく）のがわかるだろう．

唇の様態は2つあり，1つは**円唇**（rounded）で，もう1つは**非円唇**（unrounded）である．母音が発音される時に唇が丸くすぼまっていると，その母音は円唇母音と分類され，反対にこの唇の丸めを伴わなければ非円唇母音と分類される．例えば日本語の，「イ」「エ」「ア」は非円唇母音，「オ」は円唇母音である．

以上をまとめると，調音的な観点から母音を分類する時の切り口は3つあり，母音の高さ，前舌／後舌／中舌の別，そして円唇／非円唇の別である．

次に音節にかかわる母音の分類項目を見る．2つある．

まず1つ目は，母音の調音が1音節内でほとんど変わらないのか，ある調音から次の調音へ移るような発音なのかによる．前者であれば**単母音**(monophthong, 単一母音)，後者であれば**二重母音**（diphthong）と分類する．例えば，英語の eye は母音のみからなる1音節語であるが，この母音は，調音的にある口の構えから違う構えへ移っていくため，二重母音である．これに対して，例えば E は同じく母音のみからなり1音節語であるが，この母音は調音される時に eye のような大きな口の構えの変化がないため，単母音に分類される．

音節が関係するもう1つの母音分類は，**抑止母音**（checked vowel）と**開放母音**（free vowel）の別によるもので，母音がどのような類の音節に生起するかが基準となる．例えば，英語の母音の中には語末に生起できない，すなわち子音が後続しない限り，語の最後の母音とならないものがある．例えば，bit の母音 /ɪ/ で終わる語はない．これに対して，例えば beat の母音 /i/ は，bee のように子音が後続せずとも語末に生起できる．

語末の分布を見たが，これを音節末の生起分布と解釈すると，「音節末に生起できるか否か」という基準で母音が分類できる．音節末に生起できる母音を開放母音といい，できない母音を抑止母音という．なお，母音で終わる音節は**開音節**（open syllable），子音で終わる音節は**閉音節**（closed syllable）と呼ばれる．つまり，抑止母音は閉音節のみに現れる母音であり，開放母音は閉音節と開音節のどちらにも現れることができる母音である．なお，日本語の母音「ア」「イ」「ウ」「エ」「オ」は開音節にも閉音節にも生起できる．

最後に，**緊張母音**（tense vowel）と**弛緩母音**（lax vowel）を紹介する．英語の場合についていうと，緊張母音は開放母音と，弛緩母音は抑止母音と同義である．緊張母音／弛緩母音という呼び方は，名前からすると生理学的な筋肉の緊張／弛緩に関係する調音上の特徴を反映しているように聞こえるかもしれないが，そうではない．上に見たように母音の分布上の特徴からくるものである．

緊張／弛緩という語から予想されるような筋肉の活動は，英語の高母音には当てはまるが，他の母音に関しては必ずしも当てはまらない（Ladefoged 1993: 226-227）．生理学的な観点からの母音の分類基準としては舌根前進（advanced tongue root, ATR）というものがあるが，本章では追求しないこととする．

2.3 基本母音

2.2節で述べた概念に加えて，母音記述の際に広く使われているものに**基本母音**（cardinal vowels）のシステムがある．基本母音とは参照点として置かれる母音のことで，このシステムでは，これらの母音と比べて当該母音がどこに位置するかを指定することで母音を記述する．イギリスの音声学者ダニエル・ジョーンズ（Jones, D.）が設定した基本母音があり，その後IPAの母音システムでは，これにいくつか追加されている．基本母音はどの言語の母音も想定しない独立した音として定義される．以下，ジョーンズの基本母音を主に概観し，次節以降の母音記述は，このシステムを活用しながら，2.2節のことを踏まえつつ行う．

ジョーンズの設定した基本母音には，**第一次基本母音**（primary cardinal vowels）8母音と，**第二次基本母音**（secondary cardinal vowels）10母音がある．まず第一次基本母音から解説する．

8つの第一次基本母音のうち，第1番と第5番の2つは調音的に定義され，その他の母音は聴覚的に定義される．基本母音第1番は，前舌面をなるべく高くあげ，唇をなるべく強く左右に引く（**平唇**，spread lips）と得られる．非円唇前舌高母音としてギリギリの，つまりこれ以上前舌面をあげてしまうと呼気のノイズが聞こえて子音（有声硬口蓋摩擦音 [ʝ]）が生じてしまうという一歩手前の口の構えで発音される母音である．憎らしい誰かに対して「イーだ」という時の「イー」のような感じである．この母音の音声記号は [i] である．

基本母音第5番は，(非円唇) 後舌低母音のギリギリの調音で発音される．つまり後舌面をできる限り口腔の後ろの方で下げて発音する．医者に喉を見せる時の口の構えをもっと大げさにしたような感じで，これ以上この方向へ舌を動かすと子音（有声咽頭摩擦音 [ʕ]）が生じてしまう寸前の舌の構えで発音される音である．この母音は非円唇だが，平唇ではなく，口角を後ろに引かず唇を丸めない状態の**普通唇**（neutral lips）である．音声記号は [ɑ]．

この他の第一次基本母音，つまり第2番から第4番及び第6番から第8番は聴

2.3 基本母音

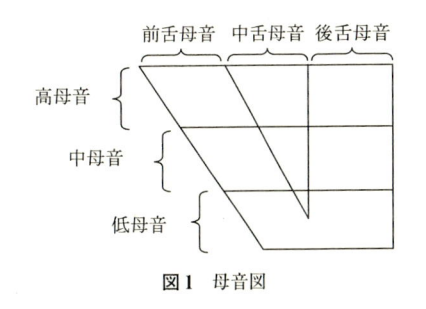

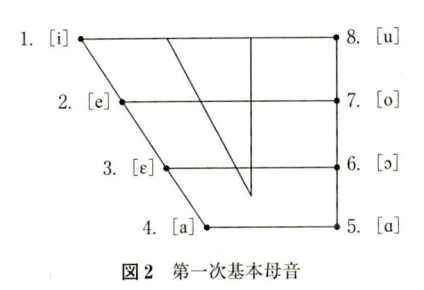

図1 母音図

図2 第一次基本母音

覚的に定義される．まず基本母音第2番から第4番は非円唇前舌母音で，第1番 [i] から第5番 [ɑ] までの連続体を聴覚的に等間隔にした時に得られる3地点の母音とされ，記号は第2番 [e]，第3番 [ɛ]，第4番 [a] である．また非円唇の度合いもこの順に弱まり，例えば [e] は [i] ほど唇を横に引かない．

ここでこれらの母音を表にプロットするとわかりやすい．図1は**母音図** (vowel chart, vowel quadrilateral) と呼ばれ，外枠線が母音と子音の境界を示し，この枠内，つまり母音の空間 (vowel space) に母音をプロットする（枠からはみ出ると子音）．空間を上から下へ高母音，中母音，低母音，そして左から右へ前舌母音，中舌母音，後舌母音，と区切って用いる（母音図にプロットするだけでは円唇／非円唇の区別が表せないことに注意）．

第一次基本母音をドット（・）でプロットしたのが図2である．基本母音は外枠の線上に配置されている．つまり，基本母音は母音の枠の中で最周辺に位置する音である．

基本母音第6番から第8番は円唇後舌母音である．低母音第5番から高母音に向かっていく連続線上において，前舌の基本母音と同じ高さを保つと得られる．つまり，第6番 [ɔ] と第3番 [ɛ]，第7番 [o] と第2番 [e]，第8番 [u] と第1番 [i] とが同じ高さである．ただし第6番から第8番は円唇母音で，円唇の度合いは，第6番 [ɔ] から第8番 [u] にかけて強くなる．

次に第二次基本母音を解説する．図3にあるように，第二次基本母音は10母音あり，第9番から第18番の番号が付いている．このうち第16番までは，第一次基本母音の第1番から第8番のそれぞれについて円唇の有無を逆にすることで得られる．

例えば，第9番 [y] は，第1番 [i] の舌の構えで円唇にすれば得られ，第16番 [ɯ] は，第8番 [u] の舌の構えを保ったままできるだけ口を横に引いて強い平唇

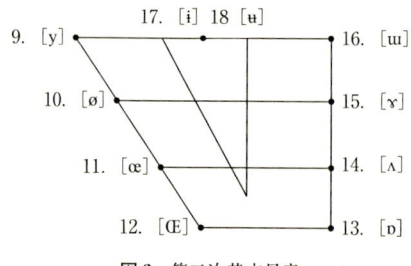

図3 第二次基本母音

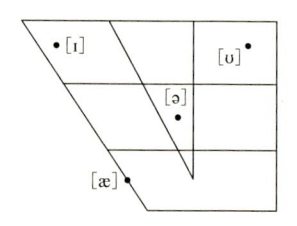

図4 その他の基準となる母音の一部

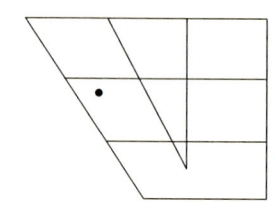

図5 [ë] の母音図における位置

を作ると得られる．この時，円唇／非円唇の度合いは第一次基本母音と同じで，例えば第9番 [y] は第二次基本母音の中で一番円唇度が高く，第16番 [ɯ] は一番非円唇度が高く，平唇である．

基本母音第17番 [ɨ]（非円唇）及び第18番 [ʉ]（円唇）はどちらも高さ的には基本母音第1番 [i]，第8番 [u] と同じだが，両者の中間の位置の音である．

基本母音第1番から第18番の他にも，先述のとおり，IPA で追加された基準となる母音がある．その中でも特に英語音声学の観点から重要なものを図4に示す．

[ə] は非円唇中舌中母音，[ɪ] は基本母音第1番 [i] より中央寄りで平唇の度合いの弱まったもの，[ʊ] は基本母音第8番 [u] より中央寄りで円唇の度合いの弱まったもの，[æ] は基本母音第3番 [ɛ] と第4番 [a] の中間の音である．

以上の基準母音を用いて母音を記述する時，大きく分けて2つの方法がある．1つは母音図の中にプロットする方法，もう1つは音声記号を用いる方法である．例えば，ある母音が基本母音第2番 [e] に一番近いが，これよりも少し中寄りで下寄りの母音だとする．この母音を母音図にプロットすると，図5のように，[e] より中より，下よりの点にプロットできる．これを音声記号で表記すると，[e] に IPA の**補助記号**（diacritics）で中寄り（centralized）を示す [¨] と下寄り（lowered）を示す [˕] を加えて，[ë̞] と表記することができる．

この補助記号付きの細かい表記を**精密表記**（narrow transcription）と呼ぶが，議論上そこまで細かい表記が不要な場合は，議論に必要な部分以外の補助記号を省略した**簡略表記**（broad transcription）を用いることができる．

以上，基本母音及び他の基準母音を見てきたが，1つ注意したいことは，これらがどんな音なのか実際に聞いてみることが重要だということである．特に聴覚的に定義される音に関しては，その性格からして書面では正確な音を再現できない．基本母音やIPAの音を既に習得した人を頼ったりインターネットを活用して，是非実際の音を聞いて頂きたい[*1]．

最後に，第一次基本母音が言語に頻繁に見られる母音の特徴を含んでいることに触れておく．言語に頻繁に出現するのは，低母音であれば非円唇，低母音以外では前舌母音は非円唇，後舌母音は円唇の母音である．次節では日英語の音素目録を概観する．

2.4 英語と日本語の母音の比較

英語の母音を概観する前に，英語と日本語の母音リスト（**目録**，inventory）を比較して，全体の体系の違いを見てみる．英語にも日本語同様多数の方言があるが（第1章参照），本章では一般米語（GA）と容認発音（RP）の2方言を扱い，日本語（東京方言）と比較してみる[*2]．文献と記号が異なるところがあるが，これはGAとRPの体系的な平行性を保つためや（例えば，RPの'e'），音声的に近い記号を使うため（例えば日本語の'u'）である．簡略表記を使って単母音を図6に，二重母音を図7に示した．

まず単母音を見ると（図6），英語の母音は日本語に比べてかなり数が多いことに気づく．日本語は母音の長短による区別，つまり短母音と長母音があるのに対して（例えば「琴」/koto/と「コート」/ko:to/），英語にはない．そのためシステムとして比べる時には注意を要するが，音色の違う母音の数の比較に限れば，英語は日本語より単母音がかなり多いといえよう．日本語は5母音システムであるのに対して英語には倍ぐらいの数がある．またGAとRPを比較すると，GAの

[*1] 例えばインターネットで「基本母音」あるいは「cardinal vowels」のキーワードで検索すれば，ジョーンズの録音が聞けるウェブサイトがいくつか見つかるはずである．

[*2] GAはLadefoged and Johnson（2011: 90）の中西部の話者の記述，RPはOgden（2009: 69-71），日本語はVance（2009: 53-56）を参照した．

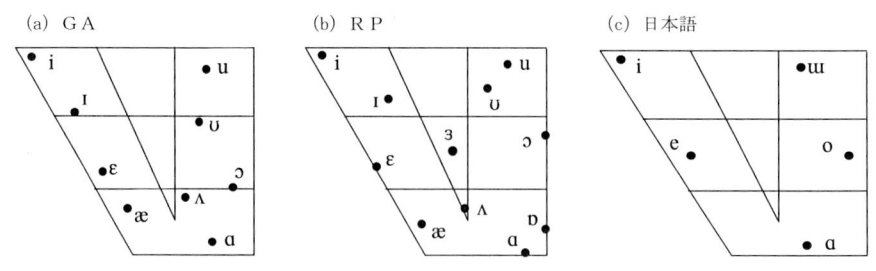

図 6 GA (a), RP (b) の単母音と日本語の母音 (c)

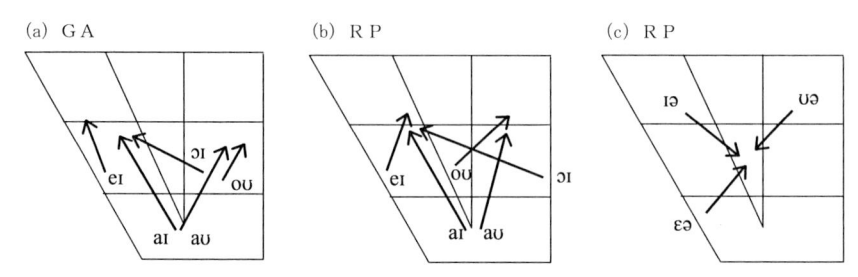

図 7 GA (a), RP (b, c) の二重母音（起点から調音目標となる終点方向へ矢印）

方が RP より後舌低母音の数が 1 つ少なく，中舌中母音にも違いがあることに気づく．これらについては次節で再度触れる．

　図 6 で 1 つ注意すべきは，それぞれの点が母音の大体の位置を示すと解釈するのが妥当なことである．同じ方言内でもバリエーションがあることによる．ただ，この図を一体系内の母音の相対的な位置関係や，異なる体系間の母音の数の比較に用いることはできよう．

　次に二重母音を見る（図 7）．GA（図 7a）と RP（図 7b）を比較すると数は同じであるが，（図 7c）のように，RP にはさらに，中舌中母音に向かう二重母音が 3 つある（2.5.7 項に詳述）．

　なお，日本語の二重母音については，文献により見方が異なるなど複雑なので，紙面の都合上省略する．

　母音の音色の変化の方向も GA と RP でほぼ同じであるが，/ou/ だけはかなり違うことが見てとれる．これについては 2.5.4 項で詳しく触れる．

2.5　GAとRPの母音概観

本節では，まず2.4節でふれた母音の調音を詳しく説明し（2.5.1～2.5.6項），そして near, square, car, oar, cure, nurse の母音を扱い（2.5.7項），強勢を受けない音節に特徴的に現れる母音にふれる（2.5.8項）．適宜図6及び図7を参照のこと*[3]．

2.5.1　/i/, /ɪ/

/i/ は heat や bead の母音で，/ɪ/ は hit や bid の母音である．両者とも非円唇前舌高母音で，前者が開放母音，後者が抑止母音である．この分布上の違いの他に，両者には音色に関して決定的な違いがある．/i/ は（GA, RPとも）平唇で日本語の /i/「イ」に似た音色をもつのに対し，/ɪ/ は図6にあるように前舌といっても中寄りで，非円唇の度合いも /i/ ほど強くない．日本語の「イ」と「エ」の中間のような音であるが，それらより緩んだ感じの音である．/i/ も /ɪ/ も舌の側面が上の奥歯について発音されるが，前者の方が後者よりしっかりとつく．

/i/ は GA, RPとも特に語末で二重母音化（diphthongization）して，[ij] のように発音されることが多い．また GA では /ɪ/ も二重母音化して [ɪə]（[̯] は，その母音が音節を作らない，つまり非成節音（non-syllabic）であることを示す補助記号）のように発音されることがある．

また，同じ環境に置かれると /ɪ/ より /i/ の方が長めに発音される．例えば heat /hit/ と hit /hɪt/，bead /bid/ と bid /bɪd/ を比べると，各ペアで /i/ の方が /ɪ/ より長めに発音される．

2.5.2　/eɪ/, /ɛ/

/eɪ/ は bait や hayed の母音で，/ɛ/ は bet や head の母音である．両者とも非円唇前舌中母音であるが，前者が開放母音，後者が抑止母音という違いがある．

/eɪ/ は GA, RPとも平唇で舌の側面が上の奥歯につきながら，二重母音として

---

*[3]　2.5.1～2.5.6項までの記述の参照文献は，Cruttenden (1994)（RP），川上 (1977)（日本語），竹林 (1996)（GA, RP, 日本語），Vance (2009)（日本語），Wells (1982)（GA, RP）である．他の参照文献は項内で紹介する．

発音されることが多いが，GAでは単母音に近く発音されることもある．二重母音として始まりの舌の位置は，GAでは基本母音第2番 [e] より少し下，RPではこの位置から基本母音第3番よりやや上の位置まで幅がある．ここから [ɪ] の方向へ移動する．

/ɛ/ は唇が積極的に平唇とならない自然な状態で，舌の両端が軽く上の奥歯について発音される．舌の高さは，GAでは基本母音第3番 [ɛ] と同じくらいかそれより少し上なのに対して，RPではこれよりもっと高い基本母音第2番 [e] の下の辺りから GA の母音の位置辺りまで幅がある．日本語の「エ」は基本母音 [ɛ] より少し高いので，GA の /ɛ/ より RP の /ɛ/ に近く聞こえるかもしれない．また，GAでは二重母音化して [ɛə] のように発音されることがある．

2.5.3 /æ/, /ɑ/, /ʌ/

/æ/, /ɑ/, /ʌ/ はそれぞれ，/æ/ が hat, bad, /ɑ/ が father (第一母音), hot (GAのみ)，そして /ʌ/ が hut, bud の母音である．すべて非円唇の低母音だが，舌の前後方向の位置に違いがあり，/æ/ は前舌母音，/ɑ/ は後舌母音，そして /ʌ/ は中舌母音である．日本語には非円唇の低母音が「ア」の1つしかなく，これは基本母音第4番 [a] から第5番 [ɑ] の広い範囲で発音される．これに対して英語はこの領域に非円唇の母音が3つあるので，このすべての母音を日本語の「ア」で代用しないように気をつける必要がある．/æ/ と /ʌ/ は抑止母音，/ɑ/ は開放母音である．

/æ/ は，GAでは伝統的には基本母音第3番と第4番の中間の [æ] だが，最近ではもっと高い位置で調音されることが多く，さらに二重母音化して [ɛə] のような発音もかなりある．RPでは，伝統的には [æ] かそれより高い位置で調音されるが，若者ではもっと低い位置，基本母音第4番 [a] に近く発音する人が多い．つまり GA と RP で変化の方向が反対である．なお，どちらの方言でもこの母音は特に有声子音の前でかなり長めに発音される．

/ɑ/ は，GA, RPとも基本母音第5番 [ɑ] より少し前寄りで，かなり顎が下がり舌の側面は上の奥歯に触れず，非円唇である．GAではこれよりもっと前寄りの発音傾向もある．

方言の違いとして，GAでは /æ/ で発音されるが，RPでは /ɑ/ で発音される一連の語がある．この語群は音環境によって記述でき，GAで /æ/ で発音される語のうち，後続子音が鼻音でさらに子音が続くか (例えば, ex<u>a</u>mple, <u>a</u>nswer, c<u>a</u>n't),

または後続子音が /ʃ/ 以外の摩擦音 (例えば, ask, pass, bath, half) のものである. ただし例外もある (例えば, cancer, gas).

/ʌ/ は, GA, RP とも中舌母音である. 顎を下げ舌の側面は上の奥歯に触れず, 非円唇で発音される. 日本語の「ア」にもっとも近く聞こえるかもしれない. RP の方が GA よりも前寄りで発音される. GA では有声子音の前で強い強勢のある時には (例えば, hug, bud), 二重母音化して [ʌə] のように発音されることがある.

2.5.4 /ɔ/, /oʊ/, /ɒ/ (RP)

/ɔ/, /oʊ/, /ɒ/ (RP のみ) は, /ɔ/ が saw, caught, thought, talk, cloth (GA のみ), cough (GA のみ) の母音, /oʊ/ が so, coat, toe の母音, そして /ɒ/ は RP のみにあって hot, cot, cloth, cough の母音である. すべて円唇の後舌母音であるが, /ɔ/ は中母音, /oʊ/ は二重母音, /ɒ/ は低母音である. 分布的には /ɒ/ は抑止母音, /ɔ/ と /oʊ/ は開放母音である.

/ɔ/ は, GA, RP とも舌の側面が上の奥歯につかず円唇を伴って発音されるが, 舌の高さが両方言でかなり違う. GA では基本母音第6番 [ɔ] かそれより低い位置なのに対し, RP ではそれよりかなり高く調音される (図6参照). RP の /ɔ/ が日本語の「オ」に一番近く聞こえるかもしれない. 「オ」は基本母音第6番 [ɔ] と第7番 [o] の間辺りだからである. 無声摩擦音の続く語では, GA では /ɔ/, RP では /ɒ/ で発音されるものがある (cloth, cough など).

/oʊ/ は二重母音であるが, 図7に示したように, GA (a) と RP (b) で音色がかなり異なる. GA では [oʊ], つまり基本母音第7番 [o] より低く前寄りの辺りから [ʊ] の方向に動き, この間ずっと円唇である. 地域によって単母音のように発音されるところもある. これに対し RP では [əʊ], つまり GA 同様 [ʊ] の方向に動いていくが, 始まりが GA とはかなり違う非円唇の中舌中母音 [ə] の辺りで, そこから軽く円唇が加わると同時に舌も後舌高母音の方向へ動く.

/ɒ/ は GA にはなく RP にある母音で, 基本母音第13番 [ɒ] にかなり近い. つまり, かなり顎を下げ後舌面が下がった状態で, 唇にはわずかに円唇を伴った状態で発音される. RP でこの母音が使われる語が GA でどのように発音されるかというと, 無声摩擦音が後続する cloth, cough などの語では前述の /ɔ/ が使われ, その他 (stop, hot, swan, quality, what など) は円唇を伴わない後舌低母音の /ɑ/ (2.5.3項) で発音される.

2.5.5 /u/, /ʊ/

/u/, /ʊ/ は，それぞれ /u/ が boot, food, /ʊ/ が book, could の母音である．両者とも円唇後舌高母音であるが，分布上 /u/ が開放母音で /ʊ/ が抑止母音である．

/u/ は，GA, RP ともにかなり口をすぼめた円唇を伴って発音され，基本母音第8番 [u] より前寄りで低い位置で調音される．この前寄りの傾向は GA ではかなり強い．また，GA, RP とも，特に語末で，二重母音化して [uw] のように発音されることがある．

/ʊ/ は，GA, RP とも /u/ とは音色がかなり違い，/u/ に比べて前寄り，低めで，円唇の度合いが低い．基本母音第7番 [o] がかなり中央寄りに調音される感じである．舌の側面が上の奥歯に軽く触れる．GA では有声子音の前にくると二重母音化 [ʊə] して発音されることがある．

日本語の「ウ」と GA/RP の /u/ 及び /ʊ/ を比較すると，両者は円唇の有無あるいは度合いの点でかなり違う．日本語の「ウ」は強い唇のすぼめが伴わず，通常はまったく円唇を伴わないか，または注意深く発音した時に少し唇に力が入るような音である（Vance 2009: 54-56）．また舌の位置は基本母音第8番 [u] よりかなり前寄りである（図 6c）．このため，日本語の「ウ」は GA/RP の /u/ とはかなり異なり，どちらかというと /ʊ/ に近い音色をもつといえよう．

2.5.6 /aɪ/, /aʊ/, /ɔɪ/

/aɪ/ は，buy, height, /aʊ/ は how, bowed, そして /ɔɪ/ は boy, voice の母音である．これらの語例からわかるように，開音節と閉音節のどちらにも現れうる．表記上母音を2つ使っているが，これらはすべて1音節なので注意．

これらの二重母音は，最初の要素が2番目の要素よりも強い**下降二重母音**（falling diphthongs）に分類される．なお，第2要素が第1要素より強い二重母音を**上昇二重母音**（rising diphthongs）というが，英語では /ju/（cute）を二重母音と分析する場合を除いて通常存在しない．

また第2要素を [ɪ] と [ʊ] で表記しているが，調音的にはこれらまで到達せず，その方向に向かって調音が動いていくことを示している．最初の要素が強く，第2要素は添える感じで発音され，長さも第1要素の方が長い．

/aɪ/ は，GA, RP とも，出だしは基本母音第4番 [a] より後ろ寄りであるが，中舌の辺りや後舌の方の発音も聞かれる．この出発点からだんだんと [ɪ] の方向へ向かう．

/aʊ/ の出だしは，GA と RP どちらとも非円唇の低母音であるが，両者には少し違いがある．GA では前寄り [a] から後寄り [ɑ] まで幅があるものの，前寄りの [a] が多いのに対し，RP では /aɪ/ の出だしより後ろ寄りで，基本母音第5番 [ɑ] より少し前寄りの辺りから発音されることもあるが，/aɪ/ の出だしと同じ辺りの話者も多い．GA, RP ともこれらの出だしから [ʊ] の方向へ向かい，軽い円唇を伴って [o] くらいの高さ及び中央寄りの位置辺りで終わる．

/ɔɪ/ は，RP では出だしが [ɔ] より下の低母音領域で円唇を伴い，GA では円唇を伴う点は同じだが，RP よりも少し高い位置が一般的である．これらの位置から [ɪ] の方向に動き，唇は円唇から非円唇に移行し，基本母音第2番 [e] より中央寄りで低めの辺りの位置で終わる．

2.5.7 near, air, car, oar, cure, nurse の母音

この項では，near, air, car, oar, cure, nurse などの語の母音を説明する．まずこれらの語は綴り字で母音字の後に 'r' があることに注目してほしい．この r は音節の尾子音（coda）の位置にあり，その分布は以下のように GA と RP の二方言を分ける大きな特徴の1つである．

英語ではほとんどの子音が尾子音の位置に現れうる（これに対して，日本語で尾子音の位置に現れることのできる音は限られていて「ン」（撥音）と「ッ」（促音）だけである）が，/r/ については方言によってこの位置に現れるか否かに差があり，GA では現れるが RP では現れない（発音されない）．GA のように母音の後に /r/ が発音される方言を **r 音アクセント**（rhotic accent），RP のように発音されない方言を **非 r 音アクセント**（non-rhotic accent）という．この r のことを以下，尾子音の r と呼ぶことにする．

この尾子音の r の特性のため，near, air, car, oar, cure, nurse などの語は GA と RP でかなり違う発音になるが，体系的なまとまりがあるのでまとめて議論

表 1

例語	GA	RP
near, beer, ear, here	ɪr	ɪə
air, bear, hair	ɛr	ɛə
car, bar, heart	ɑr	ɑ
oar, bore, whore	ɔr	ɔ
cure, poor, tour	ʊr	ʊə
nurse, bird, early	ɜr	ɜ

する．これらの語における母音から綴り字のrに対応するところまでの発音を一覧表にしたのが表1である．

　これらの語は，GAでは1音節語で，母音のあとに /r/ が発音される（個々の発音は後述）．RPでもこれらの語は1音節語であるが，非円唇中舌中母音の [ə] の方向へ向かう二重母音として発音されるか（near, air, cure），単母音として発音される（car, oar, nurse）．以下，まずこの位置の母音に関して分布的及び調音的特徴にふれ，そしてRPのə及びɜの調音について述べる[*4]．

　まず，尾子音のrの前に現れることのできる母音は限られ，上述の母音のすべてが現れるわけではない．例えば，前の2.5.6項で議論した /aɪ/ と /aʊ/ は起こるが（fire, hour など），/ɔɪ/ は稀である．さらに，/i/ と /ɪ/，/eɪ/ と /ɛ/，/ɑ/ と /æ/，/oʊ/ と /ɔ/，/u/ と /ʊ/ の各ペアにおいて，これらの母音の**対立**（contrast）がこの位置ではなくなる．

　例えば /i/ と /ɪ/ のペアを例にとると，beer という語を b[i]r と発音しても b[ɪ]r と発音しても意味は変わらないから，尾子音のrの前では /i/ と /ɪ/ の区別がないと分析できる．これらのペアはよく見ると一般化できる特徴があり，/oʊ/ と /ɔ/ のペアを除き，すべて緊張母音と弛緩母音からなっている．つまり，緊張母音と弛緩母音の区別が（/oʊ/ と /ɔ/ のペアを除き）尾子音のrの前ではなくなる．

　このように，対立のある要素Xと要素Yが，ある環境下で対立のなくなることを，XとYが**中和する**（neutralize）という．では中和が起こる時，音韻的に両者のどちらの音が現れていると分析すべきか．パターンなどから考える必要があるが，今議論している /i/ と /ɪ/，/eɪ/ と /ɛ/，/ɑ/ と /æ/，/oʊ/ と /ɔ/，/u/ と /ʊ/ のペアに関していうと，英米の標準的な一般／英語音声学の教科書では弛緩母音が採用されていることが多いので，本章もこれに従う．

　次にこれら尾子音のrの前の母音の発音を見てみる．

　まず /ɪr/（GA），/ɪə/（RP）だが，GAでは低めの [i]（つまり [i̞]）から [ɪ] まで幅があるが，[ɪ] がもっとも一般的で，RPでは /ɪ/ の [ɪ] が標準的である．次に /ɛr/（GA），/ɛə/（RP）だが，GAでは [e][ɛ]，そして [æ] も聞かれるが，もっとも多いのは [ɛ] で，RPでは，[ɛ] が標準的であるが，若い人ではもっと低い位置の母音を使う話者もいる．/ɑr/（GA），/ɑ/（RP）においては，GAでは [ɑ]

[*4] これらの調音記述に参考にした文献は主にCruttenden（1994）（RP）と竹林（1996）（GA, RP）である．

かそれより前寄り [ɐ] が一般的で，RP では /ɑ/ なので 2.5.3 項に記したとおり，基本母音第 5 番 [ɑ] より少し前寄りの発音である．そして /ɔr/ (GA), /ɔ/ (RP) においては，GA では基本母音第 6 番 [ɔ] より高めの発音と第 7 番 [o] より低めの発音で幅がある．RP では，/ɔ/ であるから，2.5.4 項の記述のとおりで，基本母音第 6 番 [ɔ] より高い位置である．なお，この /oʊ/ と /ɔ/ のペアに関しては，GA の話者の中には尾子音 /r/ の前でも対立を残している話者もいる（例えば，hoarse /hoʊrs/ vs. horse /hɔrs/）．ただしこれは伝統的な発音であって，現在多くの話者で中和が見られる (Labov *et al.* 2006, Wells 1982)．最後に /ʊr/ (GA), /ʊə/ (RP) では，GA では [ʊ] や低めの [u]（つまり [u̞]）で幅があり，RP では /ʊ/ の位置，つまり [ʊ] が標準的である．

　GA の /ɪr/, /ɛr/, /ɑr/, /ɔr/, /ʊr/ では，これらの母音に続いて /r/ が発音される．/r/ の詳しい調音（盛り上がり舌の r とそり舌音の二種類）については第 1 章及び第 3 章を参照のこと．/r/ の前の母音には程度の差こそあれ**咽頭化**(pharyngealization) が見られるという．咽頭化とは，舌根の辺りが咽頭壁の方に引き寄せられて作られる咽頭壁との狭め (constriction) が一次調音（第 4 章参照）にかぶさって起こることで，GA の /r/ の調音に（2 種類のどちらのタイプにも）見られる．

　RP の /ɪə/, /ɛə/, /ʊə/ は，それぞれ上述の母音を出発点として，非円唇中舌中母音 [ə] かそれよりやや低めの位置に向かう二重母音である（ə の記号は**シュワー** (schwa) と呼ばれる）．ただし /ɛə/ は，[ɛə] という発音も聞かれるが，特に若い世代では**単母音化** (monophthongization) して，長めに [ɛː]（[ː] はその音が長めに発音されることを表す補助記号）のように発音する話者が多い．また RP の /ɪə/ と /ʊə/ は，綴り字に r のない idea, museum（以上 /ɪə/), cruel, actual（以上 /ʊə/）のような位置にも現れる（GA では 2 音節になることが多い）．

　最後に nurse, bird, term, earth, work などに見られる，GA/ɜr/, RP/ɜ/ についてふれる．GA では表記上 2 つの記号を使っているが，実際の発音では [ɜ] の後に /r/ が発音されるのではなくて，最初から最後までずっと /r/ の発音である．この音の表記にしばしば用いられるのが [ɚ]，および [ɝ] の記号である．唇の丸めが加わって発音されることが多い（**唇音化**, labialization）．また RP は，これらの語において単母音の /ɜ/ が現れる．/ɜ/ は中舌面が中母音の高さに持ち上げられて調音され，唇は非円唇である．上述の [ə] と調音的に同じでそれを長めに発音する話者も多い．

2.5.8 弱(化)母音

これまで扱ってきた母音は,強勢のある音節 (stressed syllable) に主に現れる.言い方を変えれば,強勢のある音節では,これらの母音のどれかが使われる.これに対して強勢を受けない音節 (unstressed syllable) では,これらの音色を保った母音も使われるが(例えば,umbrella (/ʌ/), simplistic (/ɪ/), citation (/aɪ/), computation (/u/), verbose (GA /ɜr/, RP /ɜ/) (Ladefoged and Johnson 2011: 97)),さほど明瞭な音色が保たれない母音も多く使われる.後者の類いの母音を総称して**弱化母音**(reduced vowel)という.弱化母音は大きく3つあり,非円唇で前舌高母音の辺り,つまり [i] や [ɪ] の辺りで発音されるもの,非円唇で中舌中母音 [ə] の辺りの範囲で発音されるもの,それから円唇で後舌高母音 [u] [ʊ] の辺りで発音されるものである.

[i] の辺りで発音されるものの例は,語末の happy, movie や,母音の前の reality など,[ɪ] の辺りで発音されるものは,語頭の enjoy や接頭辞 de-, be- などや接尾辞 -ed, -(e)s,それから形態的な交替において強勢を受けない時にこの母音に弱化するもの(例えば,recitation [ɪ] cf. recite [aɪ]),一部の機能語が強勢を受けない位置にくる時(例えば,him)などである.

[ə] の辺りで発音されるのは,sofa, above, comma などの語の他に,形態的な交替において強勢を受けない時にこの母音まで弱化するもの(例えば,emphasis [ə] cf. emphatic [æ], explanation [ə] cf. explain [eɪ])や,多くの機能語が強勢を受けないで発音される時(例えば,to, a, the, at)などがある.

[u], [ʊ] の辺りに弱化するものは,接尾辞 -ful や argument などの語,一部の機能語が強勢を受けない位置にくる時(例えば,to)などがある.

なお,日本語にも英語の強勢と音韻的に同じと分析できるアクセントという概念があるが,日本語の場合,アクセントのない音節の母音がアクセントのある音節に比べて英語のような顕著な音色の変化を見せることはないので,注意する必要がある.

2.6 母音の長さ

ここで母音の長さについてふれておく[*5].英語では一部の方言(例えば,Scottish

[*5] この節の参考文献は Ladefoged and Johnson (2011)

Highlands の英語) を除いて母音の長さによる対立はない.つまり,長さの違いで語の意味が変わることはない.しかし,英語では母音の生起する環境によって発音上母音の長さが変化することがある.環境を3点取り上げる.

まず,母音の起こる音節が開音節か閉音節かによって母音の音声的な長さに違いがある.同じ音素の母音は,他の条件が同じであれば,開音節に現れる時の方が閉音節に現れる時よりも長めに発音される.例えば,bee の /i/ は beat の /i/ より長めに発音される.

さらに母音が閉音節に現れる時,後続子音の声の有無によって母音の長さに違いがあり,有声子音の前の方が無声子音の前よりも長く発音される.例えば,bead の /i/ は beat の /i/ より長めに発音される./d/ が有声子音で /t/ が無声子音だからである.前述の記述と総合すると,bee /bi/,beat /bit/,bead /bid/ の母音 /i/ の発音を比べた時,bee の /i/ が一番長く(開音節),その次に長いのが bead の /i/(閉音節で後続子音が有声),そして一番短く発音されるのが beat の /i/ となる(閉音節で後続子音が無声).

母音の音声的長さの違いを生む3点目の要因は強勢で,強勢のある音節の母音は強勢のない音節の母音よりも長めに発音される.例えば,billow と below の最初の母音を比べると,前者の母音の方が後者よりも長めに発音される.billow は第1音節に強勢があるのに対し,below は第2音節に強勢があるからである.

2.7 母音の無声化

通常母音には声帯振動が伴うが,これが伴わずに発音される現象についてふれる.この現象は母音の**無声化**(devoicing)(有声音が無声となること)と呼ばれ,英語にも日本語にもよく見られる.しかし両言語で起こる環境が少し異なるので,日本語話者は日本語の母音無声化を英語に持ち込まないようにしたい[*6].

まず日本語では,母音(特に顕著なのは高母音の「イ」と「ウ」)が無声子音にはさまれた時(例えば「草」/kusa/,「地下」/cika/),あるいは無声子音の後で文末の時(例えば「ます」/masu/)に,母音が無声化することが多い.無声化は母音の記号の下に [̥] を付けて表記する.例えば「ます」は [masu̥] と表記でき

[*6] この節の参考文献は Ladefoged and Johnson (2011),Ogden (2009)(以上英語),Hirayama (2009)(日本語)である.

英語でも無声子音に隣接する母音が無声化することがある．例えば，potato は [pə̥t] ato, today は [tə̥d] ay のように発音されることがある．しかしこれは強勢を受けない音節の母音に起こるのが普通である．日本語の母音の無声化はアクセントのある音節でも起こるが (特に若い世代)，英語では強勢のある音節ではまず起こらないので，日本語話者としては英語を発音する時，強勢のある音節の母音で無声子音に囲まれたものを無声化しない注意が必要である．

より深く勉強したい人のために

- Ladefoged, Peter and Keith Johnson (2011) *A Course in Phonetics*, Sixth Edition, Boston, MA: Wadsworth.
  海外で広く使われている一般音声学の入門書．英語音声の記述も多い．音声付き．
- Catford, J. C. (2001) *A Practical Introduction to Phonetics*, Second Edition, Oxford: Oxford University Press.
  IPA の音が調音的に詳しく記述されており，自己学習にも役立つ．
- 竹林　滋・斎藤弘子 (2003)『英語音声学入門』大修館書店．
  英語音声学の入門書

演習問題

1. 以下の図は，母音 [i], [ɑ], [u], [u̜], [ã] の調音を横から見た図 (sagittal section) である ([˜] は軟口蓋が下がり鼻腔にも空気が流れる発音を表す記号)．図と母音を同定しなさい．

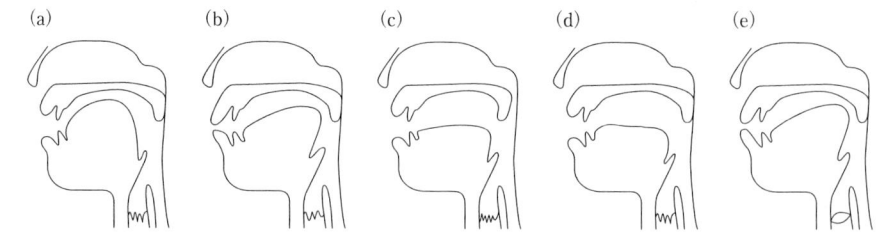

(a)　　　(b)　　　(c)　　　(d)　　　(e)

2. 以下の語について，(i) と (ii) は GA と RP のどちらの発音を表記しているだろうか．
   a) shot　(i) [ʃɑt]　(ii) [ʃɒt]
   b) four　(i) [fɔ]　(ii) [fɔɪ]
   c) soap　(i) [soʊp]　(ii) [səʊp]

文 献

川上 蓁 (1977)『日本語音声概説』おうふう.
竹林 滋 (1996)『英語音声学』研究社.
Cruttenden, Alan (1994) *Gimson's Pronunciation of English*, Fifth Edition, London: Arnold.
Hirayama, Manami (2009) *Postlexical Prosodic Structure and Vowel Devoicing in Japanese*. Doctoral thesis, University of Toronto.
Labov, William, Sharon Ash and Charles Boberg (2006) *The Atlas of North American English: Phonetics, Phonology and Sound Change*, Berlin, New York: Mouton de Gruyter.
Ladefoged, Peter (1993) *A Course in Phonetics*, Third Edition, Fort Worth: Harcourt Brace & Company.
Ladefoged, Peter and Keith Johnson (2011) *A Course in Phonetics*, Sixth Edition, Boston, MA: Wadsworth.
Ogden, Richard (2009) *An Introduction to English Phonetics*, Edinburgh: Edinburgh University Press.
Vance, Timothy J. (2009) *The Sounds of Japanese*, Cambridge: Cambridge University Press.
Wells, J. C. (1982) *Accents of English* (3vols), Cambridge: Cambridge University Press.

第3章 子音

三浦　弘

3.1 子音とは

　子音（consonant）という用語は，あまり深く考えなくてもわかっているような気になるもので，それは単純にア・イ・ウ・エ・オ以外の音とか，仮名をローマ字で表記するときの5母音以外の文字という程度の理解である．これらはいずれも音韻論的（文法的）な解釈であって，大ざっぱであるが誤りではない．子音の概念は言語研究の進展とともに変化しており，音声学的に調音や音響の観点から定義することは非常に難しい．

　元来，consonantという語は「子音字」を指す用語であった．英語のconsonantとvowelに，「子音」「母音」という訳語を与えたのは蘭学者西周である．その最初の記述は日本初の百科事典『百学連環』(1870)にあり，「文字に子音及び母音の二種あり」であった．その後「父音」という訳語が子音の代わりに用いられたこともあったが，19世紀後半のスウィート（Sweet, H.）らの音声学的な言語音としての概念が導入されると，その訳語は子音でも父音でも適切ではないということになる．しかし，そのような混乱は訳語の問題ではなく，音声学と音韻論の研究領域が複雑に関連しているためである．

　子音を調音の観点から音声学的に定義しようとすると，たいていの子音は摩擦や閉鎖を伴う耳障りな音なので，「喉頭から咽頭と口腔を経て唇までの間に呼気の流れを妨げるなんらかの障害を伴う音」ということになる．しかし，母音の調音であっても，イやウを発音すれば明らかなように，舌のどこかの部位を高めてアーチ形を作り，呼気流を妨げる結果となるような口腔による共鳴体を形成しなければ，母音を発出することはできない．そのため呼気流への妨害の程度が小さければ母音であって，それが大きければ子音ということになる．

　ところがやや古風な用語で**半母音**（semivowel）と呼ばれる英語子音の**接近音**（approximant）/j, w/（*yes, way*などの頭子音）は，単独で発音すれば，母音 /iː, uː/ とほぼ同一の音である（日本語の拗音も同様）．これらの接近音は母音と区別

3.1 子音とは

するために，**わたり音**（glide）と呼ばれることもあるが，どんな子音でも母音が後続すれば，あるいは，母音でも子音でも2つの**分節音**（segment）が結合すれば，わたり音は生じるので，その名称はあまり支持できない．

子音と母音の区別には個別言語ごとの語における音の分布を扱う**音素配列論**（phonotactics）の要素がもともと加味されていて音韻論的な色彩が強い．**音節**（syllable）と子音結合の詳細は第4章に譲るが，現在の音韻論の観点では各音節の中で最も**聞こえ度**（sonority）が大きい音節の**核**（nucleus），あるいは**頂点**（peak）になるのがたいていは母音であって，**頭子音**（onset）や**尾子音**（coda）として，核の前後に結合して音節を形成する要素が子音であるといえる．つまり，子音の音韻論的定義は「音節の端（margin）に生じる音」となる．

ところが，言語によって音素配列の環境に応じて，子音が音節の核となることがある．例えば，チェコ語の prst「指」や krk「首」という語では，母音が隣接すれば子音となりうる /r/ が核となっている．音節の核となる音を示すための**音節主音(的な)**（syllabic）という用語を使って，この /r/ は**音節主音的な子音**（syllabic consonant）と呼べる．音節主音を表す国際音声字母（IPA）の補助記号は，下付きの小さな縦線なので，これらの語は /pr̩st, kr̩t/ と表記できる．しかし，チェコ語にはこのような語が他にもあるので，「チェコ語では /r/ が母音として用いられる」と表現しても誤りとはいえない．ちなみに音節の端にあって核にならない音は**非音節主音(的な)**（nonsyllabic）と呼ばれる．

音節主音的な子音は英語にもある．語末の /l/ が子音の直後にあるとき（*middle* /ˈmɪdl̩/, *thistle* /ˈθɪsl̩/, *panel* /ˈpænl̩/ など，上付きの縦線は続く音節に「第1強勢」がくることを示す），及び語末の鼻音 /n, m/ がある特定の音声環境（後述する阻害音の直後）にある時（*sudden* /ˈθʌdn̩/, *baptism* /ˈbæptɪzm̩/ など）もそうである．また一般米語（GA）などのR音変種の方言では，1.3節で見たように，強母音であるR音化した母音（/r/-colored vowel）を除いたもの，つまり弱母音の /ɚ/ とみなせるもので，-er, -or などで綴られる語末の /r/ は，子音に後続すると音節主音的な子音になる（*teacher*/ˈtiːtʃr̩/, *factor*/ˈfæktr̩/ など）．音節主音的な子音は「成節子音」とも訳される．また**半子音**（semiconsonant）とも呼ばれたが，今ではほとんど使われていない．

「子音」「母音」という用語は音韻論のものとして区別し，音自体の調音と音響の特性に基づく分類が考案されている．パイク（Pike, K. L.）は**音声学的子音**（contoid）と**音声学的母音**（vocoid）という基準を設定した．そうすると子音

(consonant) は「非音節主音的音声学的子音」(nonsyllabic contoid) に相当し, 母音 (vowel) は「音節主音的音声学的母音」(syllabic vocoid) となる. それに従えば, 上記で懸案となっていた接近音の /j, w/ は, 音声学的には母音と変わらないけれども, 音節の核にはなれないので, 「非音節主音的音声学的母音」(nonsyllabic vocoid) として明確に定められることになる. 残る組み合わせの「音節主音的音声学的子音」(syllabic contoid) は音節主音的な子音に当たり, 非常にすっきりとまとめられる (Pike 1943: 78, 145). しかし残念なことに, こんなに明快な解釈も近年の音声学の概説書ではあまり言及されなくなってしまった. 音声学的な定義は各種の実験結果に関心が移っている.

そもそも言語音は隣接する音が互いに影響し合うものであるから, 分節音に区切って IPA で表記すること自体が音韻論的である. しかし, そうしなければ, 言語は IPA のみならず, 文字で表記することもできない. 子音の定義が音韻論に収斂されてもやむをえないのかもしれない.

本章では音韻論的な子音を発出するための音声学的な (調音上の) 特徴について検討するが, 音響的な観点は第 7 章に譲る. また英語や日本語という個別言語の子音の特徴を述べようとすると, 往々にして音韻論的な分布 (音素配列) の説明が必要になることもご承知いただきたい.

3.2 調音器官と調音点

3.2.1 調音点

発声のメカニズムと音声器官の名称などについては序章で示されているので, ここでは音声器官のうち喉頭から上の器官, 子音を調音する際に**狭窄**(きょうさく) (stricture) を作る調音器官の働きについて説明する. まず子音を特徴付ける狭窄の位置を**調音点, 調音位置** (place of articulation) と呼ぶが, その調音点は調音器官のどの部位とどの部位とで狭窄を形成し, どのような名称で分類されるのかを見てみよう.

図 1 は調音器官の正中矢状(しじょう)断面図 (midsagittal head diagram) である. 軟口蓋は上下に動いて鼻腔への通路を開閉するので, 開いた状態と閉じた状態を描いてある. 頸椎は塗りつぶされていないが, グレーに塗りつぶされた箇所に骨があり, 調音では骨の位置を知ることも欠かせない. 歯茎や硬口蓋が硬くて動かないのは上顎骨があるためで, 特に言語音では**舌骨** (hyoid bone) の働きが重要なので, その位置を確認してもらいたい.

3.2 調音器官と調音点

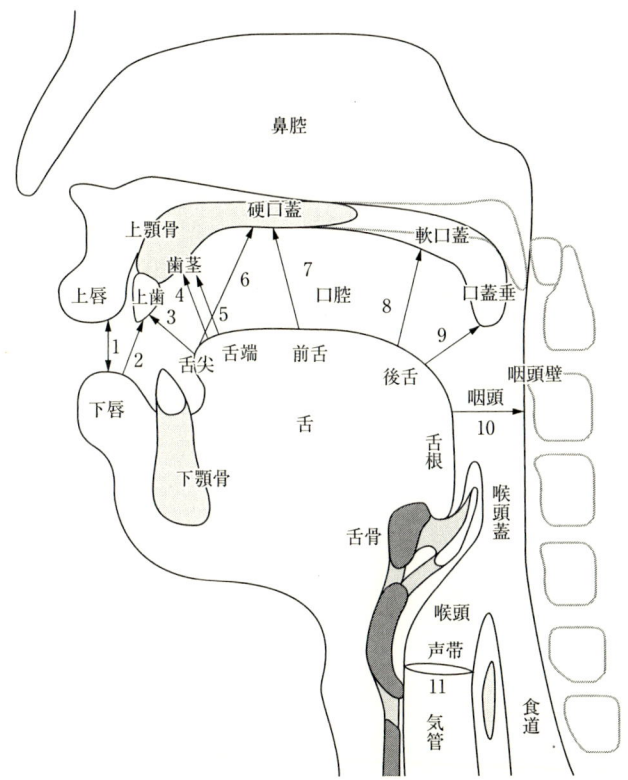

1	両唇音（bilabial）	下唇と上唇	6	そり舌音（retroflex）	舌尖と硬口蓋
2	唇歯音（labiodental）	下唇（の内側）と上歯（の先）	7	硬口蓋音（palatal）	前舌と硬口蓋
3	歯音（dental）	舌尖と上歯（の内側）	8	軟口蓋音（velar）	後舌と軟口蓋
4	歯茎音（alveolar）	舌端（舌尖）と歯茎	9	口蓋垂音（uvular）	後舌と口蓋垂
5	後部歯茎音（postalveolar）	舌端（前舌）と歯茎後部（硬口蓋）	10	咽頭音（pharyngeal）	舌根と咽頭壁
			11	声門音（glottal）	声帯

図1　声道：調音器官と調音点

　舌骨は舌根の下部にあって，舌と喉頭をつなぎ，喉頭を上下に動かす役割を担っている．また，ヒトだけが言語能力を有するのは，舌骨が進化したからではないかという説もある．約6万年前の旧石器時代の旧人であるネアンデルタール人の化石人骨から舌骨が見つかっており，それが現生人類のものと非常によく似ているために，ネアンデルタール人がすでに言葉を話せたのではないかと指摘する研究者もいる（Oppenheimer 2004: 91-92）．

さて，子音を調音するためには**声道**（vocal tract）内の，どこかの部位で上下2つの調音器官を使って口腔（oral cavity）に狭窄を作る．その狭窄の程度は「完全な閉鎖」（complete closure），「近接（開きの狭い接近）」（close approximation），「開きの広い接近」（open approximation）の3つに分けられ，次節で述べる調音の仕方（調音法）の基本となる（破裂音／鼻音など，摩擦音，接近音）．3つ目の開きの広い接近というのが接近音に分類され，一部の母音にも共通している．

調音点による子音の分類名称は，現在では主に受動調音体（0.4.3項参照）の名称のみが用いられていることにも注意が必要である．例えば，生理的に口蓋垂を移動の目標とできるのは後舌に限られ，舌尖を口蓋垂に接触させることはできないから問題はないとみなされている．しかし，外国語学習者らにとっては能動調音体を知ることも練習には必要なので，図1には，各調音点を直線でつなぎ，前側から順に番号を付してある．その番号に従って，IPAによる調音点の分類（名）と使用する調音器官をキャプションとして整理してある．なお，該当の調音点をもつ音の名称は，英語では「音」にあたる名詞（sound）を省略し，形容詞だけで示せることもおぼえておきたい．例えば，alveolar という形容詞は名詞にもなって，「歯茎音」（alveolar sound）の意味で用いられる．

3.2.2　調音の注意点

両唇音は /p, b, m/ でわかりやすいが，日本語の「フ」の子音 /ɸ/ も両唇を近づけるので，唇の丸めを伴わなくても調音点は両唇となる．唇歯音は英語の /f, v/ のような音で，よく「下唇を噛む」と表現されるがそうではない．ポイントは下唇の「外転」（eversion）にある．わずかに唇を突き出しながら，下唇を外にめくるようにして，下唇の内側を上歯の先に軽く当てるようにして発音する．また歯音の代表的な音は英語の TH 音 /θ, ð/ であり，こちらは「舌先を噛む」と説明されることがある．確かにそうしても呼気が舌の下を通ることはないので発音は変わらないが，これらの歯音は舌尖を上歯の内側に軽く接触させて摩擦を生じさせる音であることを知ると楽に発音できるようになる．

歯茎音（/t, d/ など）は英語では基本的に舌端が歯茎に向かうが，/s/ のような歯茎音の場合には英語話者でも，舌端を使う者と舌尖を使う者に二分される．方言学などでは厳密に舌端歯茎音（lamino-alveolar）と舌尖歯茎音（apico-alveolar）に分けることがあるが，一般にはどちらでもかまわないので気にする必要はない．また，それらが音素として対立している唯一の言語にバスク語がある．

ちなみに日本語の /t/（タ行音のタ・テ・トの子音）は歯茎音ではなく，歯音に分類される．舌尖を上歯の内側に接触させて発音する話者の方が優勢だからである．だから日本人が英語の /t/ を発音する際には，意識的に舌端を歯茎の上の方に接触させる方が英語らしくなる．

後部歯茎音には英国標準発音 (MRP) の R 音 [ɹ] が該当する．舌端が歯茎後部に接近する．GA 話者でも同様の R 音を使用する者もいるが，舌尖がもっと反り返って，そり舌音 [ɻ] になったり，1.3 節で見た盛り上がり舌の R になったりする．盛り上がり舌の R はあえていえば軟口蓋音であるが，舌の形状が独特でわかりにくいからそう呼ばれることはなく，IPA では表記できない（舌端化の補助記号を使う向きもあるが，それは誤りであるようだ）．後部歯茎音には接近する部位の広い /ʃ, ʒ/ も含まれる．1989 年改訂以前の IPA では**硬口蓋歯茎音** (palato-alveolar) と呼ばれて区別されていた音である．舌端から前舌にかけての部位が後部歯茎から硬口蓋にかけての範囲に接近する．

硬口蓋音の英語名称は正確には hard-palatal とでもするべきであろうが，単に「口蓋音」(palatal) となっている．不自然な形容詞形が使われずに済んでいるのは，軟口蓋 (soft palate) に velum という別名があるためである．軟口蓋音をその形容詞形 velar で表し，palatal といえば硬口蓋音を指す．英語には硬口蓋音は /j/ 1つしかないが，日本語には同様のヤ行音（拗音）のほかにも「ヒ」の子音 /ç/ と「ニ」の子音 /ɲ/ があり，さらに「キャ」「ギャ」のような拗音も IPA では硬口蓋音の記号を用いて /ca, ɟa/ と表記するのが適切であると思われるが，日本語教育ではあまり見かけない．軟口蓋音には /k, g, ŋ/ があり，英語の語末の /ŋ/ (*sing*/sɪŋ/ など) は日本人には苦手な音であるが，共通語の鼻濁音（ガ行鼻音，外来語と語頭を除くガ行音，助詞「ガ」，日本語アクセント辞典では「ガ」と記されている）はこれに当たる．

口蓋垂音は英語にはないが，日本語では語末の「ン」/N/ がそうである．後舌が口蓋垂に軽く接触して口腔の通路を閉鎖し，呼気は鼻腔に抜ける．咽頭音は英語にも日本語にもない．IPA の分類は世界中の言語音を対象としているので，咽頭音が含まれている．近接（摩擦音）の咽頭音がアラビア語にあることがよく知られている．

声門音は扱いにくく，厳密な説明が難しい．序章で論じられたように**声門** (glottis) というのは左右2本の**声帯** (vocal folds) によって作られる隙間を指す語である．日本語ハ行音の「ハ・ヘ・ホ」の子音が /h/ であって，その音は英語にも

ある．通常は息だけで発音される無声音（序章参照）であるが，英語ではその音が母音に挟まれると有声音 [ɦ] にもなることもある (ahead [əˈɦed])．声門を狭めながら声帯が振動しているわけである．しかし，無声子音（音素）/h/ は音声学的には続く母音が無声化したものとみなせるので，異音が多数あるともいえるし，便宜的な子音であるともいえる．

3.3　子音の調音法とその分類

子音の**調音法** (manner of articulation) は，前節でふれた口腔における狭窄の程度をもとに分類できる．基本的な狭窄の程度による分類は「完全な閉鎖」「近接」「開きの広い接近」であった．これらの 3 分類はさらに細分類されるのが普通である．

口腔の完全な閉鎖には 2 種類あって，軟口蓋が持ち上がって**軟口蓋背面閉鎖** (velic closure) が生じ，鼻腔 (nasal cavity) への通路が閉ざされた**閉鎖音** (stop) と，呼吸の時と同様軟口蓋が下がり，呼気が鼻腔を通り抜ける**鼻音** (nasal, 英語では /m, n, ŋ/) である．ウェールズ語やアイスランド語には無声鼻音が音素として存在するが，英語と日本語では鼻音は原則的に有声音である．つまり，音源である声帯の振動が呼気の通過によって鼻腔で共鳴した音となる．

さらに閉鎖音は口腔での通路も一旦完全に閉ざされて圧縮された呼気が閉鎖の開放とともに急激な勢いをもって放出される**破裂音** (plosive, 英語では /p, b, t, d, k, g/) と，閉鎖の緩やかな開放に続いて同器官的な (homorganic) 摩擦が生じる**破擦音** (affricate) の 2 種類に分けられる．英語では音素として対立をもつ破擦音は /tʃ, dʒ/ の 2 つだけで，音声的には [ts, dz] も破擦音であるが複数語尾や 3 人称単数現在の語尾が付いたもののみが該当するため，それらの破擦音の間には形態素境界があって音素対立がないので，破擦音音素には含めないというのが一般的な解釈である．

しかし，最小対 (minimal pair) が存在して音素対立が示せる破擦音がもう 1 つあるといえるかもしれない．try や tree のような強勢のある音節頭の [t] に後続する [ɹ] は無声化し，かつ摩擦音化する．そして tie, tea のように音素対立を示す最小対もあるから，/tr/ も英語の破擦音音素に含めることが可能であると思われる．しかし，この説が定説にならないのは，もちろん，音素 /r/ が接近音であって，摩擦音ではないからである．あくまでも音声的にそうみなせると紹介するに留め

ることにする．

　閉鎖音とは呼ばないが，瞬間的な閉鎖を伴う音に，急速な打奏が2回以上連続する**ふるえ音**（trill），急速な打奏が1回の**たたき音**（tap），音質はたたき音に似ているが能動調音体が内側から外側に向かって受動調音体を1回だけ弾く**弾き音**（flap）の3種がある．標準英語では原則的にいずれも用いられないが，日本語にはあって，ラ行子音 /r/ がたたき音の [ɾ] である．英語でも方言によってはこの音があるし，舞台俳優が強調する時などには，英語の語頭の /r/ がふるえ音の [r] で発音されることがある．弾き音はアフリカの言語などに見られる調音法である．

　近接の調音法をもつ音は**摩擦音**（fricative）と呼ばれ，上下2つの調音器官が閉鎖寸前の所まで近づき，呼気はそこで乱気流を起こし，耳障りな音が生じる．英語には /f, v, θ, ð, s, z, ʃ, ʒ, h/ と9つもある．摩擦音というのはポピュラーな言語音であって，世界中の言語音を見渡せば，すべての調音点で有声・無声両方の摩擦音が見出される．その理由は言語音というのは平易な調音に向かって変化するもので，破裂音よりも摩擦音の方が調音は容易だからである．

　さらに口の前側よりも奥側の調音点の方が楽に調音できる．その傾向は「軟（音）化」（lenition）と呼ばれ，上田萬年が19世紀末に書いた「P音考」で有名であるように，日本語でも「ハ」の子音は /p/ から /f/ を経て /h/ に変化している．

　開きの広い接近というのはすでに触れたように**接近音**（approximant）である．呼気が調音点を通過する時に，摩擦音が生じない程度の広さの隙間が保持されている．日本語とは異なり，英語の接近音には2種類あるので注意したい．呼気が口の中央を通過する**正中面接近音**（central approximant）と，口の中央が塞がれて側面が空いている**側面接近音**（lateral approximant）に分けられる．

　正中面接近音は言語音としては無標であるために通常は単に「接近音」（approximant）と呼ばれる．標準英語では /j, w, r/ がそうである．そして L 音 /l/ が側面接近音と分類される．日本語には側面音はなく，接近音は /j, w/ の2つだけである．/w/ には調音点が2ヵ所あることに気を付けたい．軟口蓋音であり，かつ両唇音でもある．ただ現代日本語では，共通語「ワ」の子音はこの音であるが，軟化によって両唇性が弱まっている．逆に英語の /w/ は口角の圧縮を特徴としていて唇の突き出しを伴う音であるために，日本人英語学習者は相当意識しないと，この音をもつ語を通じる英語として発音することはできない．

　調音法の分類に関しては音声や音韻を論ずる際に便利な別の区分もあって，英

語の子音はすべてそれで二分できる．初期の生成音韻論における弁別素性（distinctive feature）にも用いられた用語で，聞こえ度に対応した分類ともいえるが，**阻害音**（obstruent）と**共鳴音**（sonorant）である．閉鎖音（破裂音と破擦音）と摩擦音を併せて阻害音と呼び，鼻音と接近音（正中面と側面の両方）とが共鳴音になる．ただし，共鳴音は母音も含むので注意しなければならない．

3.4　子音の名称

　IPAチャートの子音表（肺気流）では，グレーの陰影が付いた升目は1989年版から導入された表示で，生理的に調音不可能な音である．白地で記号のない箇所は世界中の言語音からいまだに見つかっていないが，存在する可能性がある音の場所である．見返しに掲載されている2005年の改訂版では，新たに唇歯音の弾き音である /v/ が追加されている．アフリカからのロンドン大学の留学生が母語の子音がIPAチャートに含まれていないことを指摘して発見された．

　子音の名称はアルファベットの文字名で（/t/ を [tiː] と）読んではいけない．子音について論じるときは，子音は単独で発音するとわかりにくいけれど（子音は後続母音の舌の調音点に逆行同化するから，実際に単独発話は不可能），子音の後に母語の母音 a を付けて日本語のア段の仮名のように発音すればわかりやすいので，初心者向けの授業などではそうすることがよくある（/k/ なら [ka] と発音する／読む）．

　しかし，外国語の発音を正確に発音することは難しいし，発音が正確であっても聴き手に伝わるとは限らない．そのため専門家の間では子音に説明的なラベルを付けて，それをその子音の名称としている．それはIPAチャートの表（見返し参照）を見ながら練習すればすぐに習得できることで，「声帯振動の有無（無声音か有声音か）」「調音点」「調音法」を順に述べるだけである．

　従来は「記述ラベル」（descriptive label）などと呼ばれていたが，近年の音声学の概説書にはそれに「VPMラベル」（the voice-place-manner label, VPM label）という名称を付けているものがある（Ashby and Maidment 2005, Ashby 2011）．子音名称を示す構成要素の順番はこのように決まっているからおぼえやすくて便利である．

　VPMラベルの例を英語と日本語で併記しておくが，できれば見返しの表を見ながら，英語と日本語の音を確認してVPMラベルでいえるようにすることが望ま

しい．

(1) [p] voiceless bilabial plosive 　　　　無声両唇破裂音
　　　[ŋ] voiced velar nasal 　　　　　　　有声軟口蓋鼻音
　　　[ç] voiceless palatal fricative 　　　　無声硬口蓋摩擦音（「ヒ」の子音）
　　　[ɹ] voiced postalveolar approximant 　有声後部歯茎接近音（MRP の R 音）
　　　[l] voiced alveolar lateral approximant 有声歯茎側面接近音

　ちなみに母音の記述ラベルも，上記に倣って「BOR ラベル」(the backness-openness- (lip-) rounding label, BOR label) と呼ぶことがある（Ashby 2011）．記述ラベル自体は母音でも伝統的に用いられてきて，そういう母音の名称は一般的である．例えば，[ʌ] なら central open-mid unrounded「中舌半広非円唇（母音）」となる．この慣習の総称を構成要素のイニシャルから BOR ラベルとしたことが新しい．

　実は IPA の初めの表（肺気流子音）には英語と日本語の子音がすべて含まれているわけではない．英語の子音は音素としてまとめても 24 あるが，IPA の表からは 21 しか見つからない．3.3 節の接近音 /w/ で述べたように，子音には調音点を 2 ヵ所もつものもある．1989 年以前の IPA チャートには /w/ の 2 点を併せた調音点「両唇軟口蓋音」(labial-velar) も表に含まれていたが，矛盾を避けて修正された．また破擦音は 2 音の組み合わせであるから子音表には載っていないが，その表に入れられない子音は，「その他の記号」(other symbols) という別の表にまとめられている．

　その他の記号は音声記号と VPM ラベルによる記載だが，/w/ が「有声両唇軟口蓋接近音」(voiced labial-velar approximant) として掲載されている．一覧表にはなかった**喉頭蓋音**（epiglottal）や調音点が広く 2 ヵ所にわたる**歯茎硬口蓋摩擦音**（alveolo-palatal fricative）も補足されている．ちなみに喉頭蓋音は北東コーカサスのアグール語（Agul）などには見られるが非常に稀なので，3.2 節の図 1 にはその調音点を記載していない．

　破擦音や二重調音については連結記号を使うことが，記号の位置は上下どちらでもよいという 2 例によって示されている．破擦音のような子音連結は言語ごとに異なるので，英語音素の 2 つの破擦音 /tʃ, dʒ/ がここに掲載されることはない．また，よく知られている破擦音の連結記号は省略されるのが普通になっている．

　「無声両唇軟口蓋摩擦音」(voiceless labial-velar fricative) /ʍ/ は，1.3 節にあるように，一部の GA 話者やスコットランド英語話者などが *why, where* などの語頭

のWH音として用いている．歯茎硬口蓋摩擦音は日本語の「シ」「ジ」（語中）の子音である．日本ではあまり普及していない記号なので，しっかりとおぼえておいてほしい．左側 /ɕ/ が無声音で，右側 /ʑ/ が有声音の記号である．また，日本語の破擦音，「チ」「ジ」（語頭）の子音 /tɕ, dʑ/ の後半の摩擦音もこれらの歯茎硬口蓋音である．

3.5 硬音と軟音

前節の VPM ラベルまで英語についても無声音と有声音という分類で話を進めてきた．しかし，このままでは英語では矛盾が生じることになる．日本語やフランス語，スペイン語をはじめとして大抵の言語では無声・有声という対立は妥当であるが，英語では一部の有声音が音声環境によって常に無声音となり，さらにその有声音と無声音とはエネルギーの強さの程度で対立している．

ドイツ語やオランダ語などでも綴り字が有声音の語末音は無声音になって，綴り字が無声音の語と同一の発音になる．ところが英語では無声音の強さの程度が異なり，子音自体のエネルギーのみならず，先行母音の持続時間を大きく左右する．母語話者はその母音の長さを基にして意味を理解している．この対立がとても重要なので，英語子音には別の分類が必要となる．

英語においても共鳴音（鼻音と接近音）には無声音がなく，共鳴音の有声音は常に有声音のままである．英語の阻害音（閉鎖音と摩擦音）は有声音であっても語頭と語末で無声化する．特に語末では完全な無声音となる．阻害音の有声音も語中では有声音のままである．したがって英語阻害音の有声音は「潜在的有声音」（potentially voiced）と呼ぶことができ，他の言語の有声音とは区別する必要がある．

英語の阻害音を声帯振動（voicing）によって分類するときには，無声・有声の代わりに，部分的に**硬音**（fortis）と**軟音**（lenis）という分類名を用いることが前世紀末以降現在では一般的である．英語の用語はラテン語の借用であり，*fortis* は「強い，激しい」，*lenis* は「柔らかい，滑らかな」というのがラテン語の意味である．その基準で英語子音を分類すると，硬音は /p, t, k, tʃ, f, θ, s, ʃ, h/ であって，軟音は /b, d, g, dʒ, v, ð, z, ʒ/ であり，共鳴音の /m, n, ŋ, j, w, r, l/ は軟音とは呼ばずに，有声音のままとなる．すると VPM ラベルも次のようにいいかえられる．

(2) [p]　fortis bilabial plosive　　硬両唇破裂音

[z]　lenis alveolar fricative　軟歯茎摩擦音

硬音と軟音の特徴を整理すると，調音のエネルギーは，硬音は一層強く，軟音は弱い．声帯振動は，硬音は無声であり，軟音は潜在的有声で，語頭や語末では無声化するが，硬音と比べるとエネルギーがずっと弱い無声音になる．このような特徴が先行母音にも影響を与え，硬音の前の母音の持続時間は短くなり，軟音の前の母音は長くなる．この現象は**硬音前の母音短縮化**（pre-fortis clipping）と呼ばれる．

3.6　英語子音の特徴

本節では調音法に従って英語子音の各論を考察する．調音法の概略についてはすでに3.3節で扱ったので，随時参照しながら読み進めてほしい．また，英米の標準発音では子音は母音と違って比較的共通点が多いので，MRP（英国発音），GA（一般米語）と断っていない箇所では，両標準発音に共通しているものとみなしていただきたい．

3.6.1　閉鎖音

閉鎖音には6つの破裂音 /p, b, t, d, k, g/ と，2つの破擦音 /tʃ, dʒ/ がある．すでに見たように破擦音の初めの要素は破裂音である．破裂音の調音過程は3つの段階に分けられる．

① 閉鎖（あるいは接近）：2つの調音器官が近づいて完全な閉鎖を作る．
② 保持：呼気が調音点の手前で圧縮される．
③ 開放：閉鎖が解かれ，呼気が放出される．破裂音の場合には破裂とともに急速に流出し，破擦音の場合には摩擦とともにゆっくりと開放される．

また，硬音では強く無声音となり，軟音では弱く，音声環境に応じて有声音になったり，無声音になったりする．

硬音は，強勢のある音節頭にくるときには**帯気音**（aspiration）を伴う．後続する音が有声音（母音を含む）であると，声帯振動の開始が遅れ無声化してしまう．ただし，例外があって，/s/ で始まる音節頭子音結合の場合には，/s/ の強いエネルギーに吸収されてしまい，帯気音を生じることはない．軟音には強勢音節頭であっても帯気音が生じない．また，閉鎖音が後続しない語中や語末では，硬音も

帯気音をもたないが，破裂のエネルギーは軟音よりも強くなる．閉鎖音に閉鎖音が後続する子音結合では，初めの閉鎖音の保持の段階で後の閉鎖音の閉鎖が生じるので，初めの閉鎖音の破裂は聞こえない．例えば，*backdrop* では [kd] が結合し，[k] の破裂は聞こえない．調音点が同じ閉鎖音が連続する子音結合では（*background* の [kg] など），初めの閉鎖音の開放がなく，保持の時間が長くなる．

　MRP では，硬音に限って保持の段階の前に**声門閉鎖音**（glottal stop）[ʔ] が挿入され，硬音をさらに強化する傾向がある．精密な音声表記では閉鎖音記号の前に声門閉鎖音を入れる（*like* [laɪʔk]）．GA では，すでに 1.3 節で見たように，/t/ が強勢音節末にあって，弱音節が後続するとき，有声化した [t̬] となる．このような **T 音の有声化**（T Voicing）は最近の MRP にも見られるようになってきたが，GA のように *writer* と *rider* の発音が同一になる話者は MRP にはまだいない．

　破裂音の開放は口腔の正中面開放が基本であるが，他に 2 つの開放スタイルがある．まず破裂音が同器官的な鼻音に後続されると，閉鎖は保持されたまま口腔の開放はなく，軟口蓋が下がり，呼気は鼻腔に抜けていく．これを**鼻腔解除**，あるいは**鼻腔開放**（nasal release）と呼ぶ．語末音節では *sudden* [ˈsʌdn̩], *kitten* [ˈkɪtn̩], *accident* [ˈæksɪdn̩t] のように鼻音が音節主音となるが，語中で母音が後続する時には音節主音にはならない（*witness* [ˈwɪtnəs], *submit* [səbˈmɪt]）．ただし，*maddening* のように鼻腔開放する語に母音で始まる接尾辞が付いた語には，2 通りの発音がある．ゆっくりとした発音では鼻腔開放を伴う 3 音節で [ˈmædn̩ɪŋ] となり，速い発音では 2 音節の [ˈmædnɪŋ] となる．このような音節数が減る現象は**音圧縮**（compression）と呼ばれる．

　もう 1 つのタイプは歯茎破裂音に側面接近音が後続すると，歯茎閉鎖の正中面が保持され，開放は舌の両側，つまり縁（調音器官としては side-rim と呼ばれる）だけで生じ，**側面解除**，あるいは**側面開放**（lateral release）という（*kettle* [ˈketl̩], *paddle* [ˈpædl̩]）．側面開放も鼻腔開放と同様に，語中で母音が後続すれば，側面接近音は音節主音ではなくなるし，側面開放する語に母音で始まる接尾辞が付けば，*paddling* [ˈpædlɪŋ] のように音圧縮することもある．側面開放は英米の標準発音では標準的であるが，側面開放をもたない英語方言は多い．特にこれから注目したい動向は，MRP ではコックニーの影響で若者世代が側面開放を使用しなくなっていることである．つまり，*kettle* [ˈketəl], *paddle* [ˈpædəl] と発音している．今世紀中に MRP から側面開放が消失するかもしれない．

3.6.2 鼻　音

鼻音は /m, n, ŋ/ の3つであるが，音素成立の歴史的経緯によって /ŋ/ だけが /m, n/ とは異なる分布状況を示している．/m, n/ は音節の前後どちらの環境にも見出されるが，/ŋ/ は音節末，それも抑止母音（短母音）の後にしか生じない．/ŋ/ は17世紀頃までは音素 /n/ の異音に過ぎなかった．/ng/ という連結において，調音点が同化して [ŋg] と発音されていた．次第に破裂音 /g/ が脱落していくことで，*sin*/sɪn/, *sing*/sɪŋ/ のような最小対ができて音素となった．その結果，綴り字が同じであっても発音が異なるという混乱が生じた．

MRPの例（GAでは語末の曖昧母音が音節主音の /r̩/ となる）では，*finger*/ˈfɪŋgə/ は破裂音をもち，*singer*/ˈsɪŋə/ にはない．*finger* は古英語（Old English）の時代からあった語で，1つの形態素（morpheme）からできている．語末ではないので破裂音の脱落が生じなかった．*singer* は *sing* + *er* と2つの形態素から成り立っている語である．このように形態素の観点から説明が付く．ところが例外があって，比較級と最上級を示す形態素（-*er*, -*est*）の前では破裂音が脱落しないので，MRPで例を示せば，*younger*/ˈjʌŋgə/, *youngest*/ˈjʌŋgɪst/；*longer*/ˈlɒŋgə/, *longest*/ˈlɒŋgɪst/ となる．

ここでちょっと余談であるが，/ŋ/ には記号としての名称がある．*eng* とか *a(n)gma* と呼ばれる．すべての音声記号には記号名があり，それを知らなければ辞書で調べることもできない．そこで便利な音声記号のガイドブック『世界音声記号辞典』(Pullum and Ladusaw 1996) があり，すべての音声記号と補助記号の記号名が用法とともに掲載されている．残念ながら翻訳書はすでに絶版になっている．

鼻音を調音する際には軟口蓋を下げるが，その動作は瞬間的になされるわけではない．したがって，鼻音に先行する母音がある時には，調音法の先行同化とみなされるが，母音の発音中に軟口蓋が下がり始めて，その母音が鼻音化することになる．1.3節でふれたように，GA話者の多くは半連続的な鼻音化という調音器官設定（調音の構え）をもっているから，このような母音の鼻音化（鼻母音）が顕著に現れる．

3.6.3　摩擦音

摩擦音は /f, v, θ, ð, s, z, ʃ, ʒ, h/ の9つである．3.5節で見たように，/h/ は硬音で，この音以外はすべて同じ調音点で硬音・軟音の対立がある．3.2節の終わりに

言及したように，音声学的には /h/ は後続母音の無声化とみなせるので，この音は音節頭にしか生じない．また，舌の形が後続母音によって異なるために，この音を表す声道の断面図を描くことはできない．

　摩擦音に関する特徴はすでに随所で述べてきたが，日本人英語学習者が特に気を付けなければならないことは，歯茎音 /s, z/ の調音である．舌端（あるいは舌尖）が歯茎に接近する際，舌の矢状面に溝ができることである．前から舌を見るとU字型の窪みがある．そのため，これらの音は**溝状摩擦音**（grooved fricative）とも呼ばれる．このような音は日本語にはない．同じ音声記号を使っていても，日本語のサ行音とはまったく異なっているから，あまり意識されてはいないものの，日本人には非常に難しい音である．音声分析ソフトを使ってスペクトログラムを見ながら練習するしか改善策はないような気がしている．日本人の発音では低い周波数帯にも白色雑音（ホワイトノイズ）が現れるが，英語母語話者の発音では決してそのようなことはない．後部歯茎音 /ʃ, ʒ/ は舌の前面の広範囲が歯茎から硬口蓋にかけて接近するが，同様に矢状面に溝がある．しかし，その溝が比較的浅いために，唇を窄めることに気を付ければ，日本人でも習得しやすい．

　ここで摩擦音と破擦音の揺れについてふれておきたい．*major* と *measure* の2つ目の子音の違い（/dʒ/ と /ʒ/）を明確に理解している日本人英語学習者は非常に少ない．相互に混乱がある．日本語にも「四つ仮名」（ジ・ヂ・ズ・ヅ）があって，歴史的にはヂ・ヅが有声歯茎破裂音（/d/）から破擦音化したのは16世紀室町末期のようだが，現代の共通語では，語頭では破擦音，語中では摩擦音というのが日本語教育での原則である．しかし，アナウンサーは別として一般の日本人の間では相当混乱している．ちょうど同じような現象が英語母語話者に見られる．

　GAではヨッドの脱落（1.6節参照）があるので該当しないが，MRPでは *dew* と *Jew*, *dune* と *June* は，正しく注意深い発音では異なるはずであるが，しばしば同じ発音になってしまう．つまり，どちらも破擦音で発音している．母語話者は *dew* と *dune* は [djuː, djuːn] と発音することを知っていても，無意識のうちに [dʒuː, dʒuːn] となってしまう．ちなみにGA話者はこれらを [duː, duːn] と発音するが，GA話者にも一部 [djuː, djuːn] と発音する人もいる．

　この種の発音ではMRPは語によっては発音が変わってきていると感じられる．*tune*, *Tuesday* は，前世紀のRPでは [tjuːn, ˈtjuːzdeɪ] であったが，最近のBBCニュースではアナウンサーまでが [tʃuːn, ˈtʃuːzdeɪ] と話している．この変化はまさに軟化である．

3.6.4 接近音

接近音に関して注意すべき点は英米の差異があるため,すでに第 1 章で述べた.ヨッドの脱落,明るい L と暗い L,R 音の異音などである.

3.7 日本語の子音

日本語を IPA で表記するための補足として,音声記号を紹介しておこう.直音はローマ字と共通するものが多いが,拗音は複雑である.直音については注意すべきものを,拗音についてはア段の仮名を列挙しておくので,参考にしてほしい.また,母音については日本語の「ウ」は日常会話では通常「非円唇母音」なので,「ウ」の表記には,[u] でなく [ɯ] を推奨したい.なお,拗音(開拗音)というのはヨッドで示される接近音を含む音であるが,実際の音声は単に硬口蓋化した子音である.

(3) シ çi　　チ tɕi　　ニ ɲi　　ヒ çi　　フ ɸɯ　　ヤ ja
　　ラ ɾa　　ザ dza za　ジ dʑi ʑi　ズ dzɯ zɯ　ン(語末) ɴ
　　キャ ca (kja)　シャ ça　チャ tça　ニャ ɲa　ヒャ ça　ミャ mja
　　リャ ɾja　　ギャ ɟa (gja)　ジャ dʑa ʑa　ビャ bja　ピャ pja
　　ガ (ガ)(鼻濁音,ガ行鼻音) ŋa

括弧内の表記は第 2 候補,2 つ示されているのは音声環境によって異なる分布をするものである.ラの子音は釣針型の ɾ で,手書きの場合には縦線をとったものである.ギャの子音は j の点をとって,横線を付けたものであって,f の逆さまではない.

ℚ より深く勉強したい人のために

- Ladefoged, Peter and Sandra Ferrari Disner (2012) *Vowels and Consonants*, Third Edition, Chichester: Wiley-Blackwell.
  言語音全般に関する一般音声学の概説書であるが,随時英語音への言及があり,英語の子音についても要点が簡潔にまとまっている.論じられている音声を出版社のウェブサイトで聴けるのでわかりやすい.
- Ogden, Richard (2009) *An Introduction to English Phonetics*, Edinburgh: Edinburgh University Press.
  英語子音が調音法別に章立てされて詳細に説明されている.また,異音や二次調音(鼻音化など)に関して各種の方言にも言及されている.話しことばにおける音声変化に

も詳しい．

- Thomas, Erik R.（2011）*Sociophonetics: An Introduction*, Basingstoke: Palgrave Macmillan.
  英語子音のスペクトログラムが多数，注釈付きで掲載されている．接近音の分析には欠かせない F4（第4フォルマント）以上の高次フォルマントの分布も含まれている．特に異音の比較（明るい L と暗い L など）がスペクトログラムで表示されているので，音響分析の際に大変参考になる．

演習問題

1. 次の子音の VPM ラベルを英語で書きなさい．
   (1) m　(2) s　(3) h　(4) ɜ　(5) j
2. 次の調音点をもつ英語子音の能動調音体の名称を日本語で書きなさい．
   (1) 唇歯音　(2) 歯音　(3) そり舌音　(4) 硬口蓋音　(5) 軟口蓋音
3. 次の日本語を IPA で表記しなさい．
   (1) 二時　(2) 鏡　(3) 給食　(4) 中学校　(5) ランドセル

文献

神山孝夫（2008）『脱・日本語なまり　英語（＋α）実践音声学』大阪大学出版会．
小学館国語辞典編集部（2006）『精選版日本国語大辞典』小学館．
中條　修（1989）『日本語の音韻とアクセント』勁草書房．
三浦　弘（2005）「日本語調音の構えと英語子音の円唇化」『英語教育音声学と学際研究』日本英語音声学会中部支部：81-85．
Ashby, Michael and John Maidment（2005）*Introducing Phonetic Science*, Cambridge: Cambridge University Press.
Ashby, Patricia（2005）*Speech Sounds*, Second Edition, London: Routledge.
Ashby, Patricia（2011）*Understanding Phonetics*, London: Hodder Education.
Carr, Philip（1999）*English Phonetics and Phonology: An Introduction*, Oxford: Blackwell.（竹林　滋・清水あつ子（訳）（2002）『英語音声学・音韻論入門』研究社．）
Celce-Murcia, Marianne, Donna M.Brinton, Janet M.Goodwin, and Barry Griner（2010）*Teaching Pronunciation: A Course Book and Reference Guide*, Second Edition, Cambridge: Cambridge University Press.
Collins, Beverley and Inger M. Mees（2008）*Practical Phonetics and Phonology: A Resource Book for Students*, Second Edition, Oxon: Routledge.
Jones, Daniel, Peter Roach, Jane Setter and John Esling（2011）*Cambridge English Pronouncing Dictionary*, Eighteenth Edition, Cambridge: Cambridge University Press.
Ladefoged, Peter and Keith Johnson（2010）*A Course in Phonetics*, Sixth Edition, Boston: Heinle.

Miura, Hiroshi (2002) "The Syllable and Mora in Standard Japanese,"『専修人文論集』**71**: 1-35.

Oppenheimer, Stephen (2004) *Out of Eden: The Peopling of the World*, Second Edition. London: Robinson.（仲村明子（訳）(2007)『人類の足跡10万年全史』草思社.）

Pike, Kenneth L. (1943) *Phonetics: A Critical Analysis of Phonetic Theory and a Technic for the Practical Description of Sounds*, Ann Arbor: University of Michigan Press.

Pullum, Geoffrey K. and William A. Ladusaw (1996) *Phonetic Symbol Guide*, Second Edition, Chicago: University of Chicago Press.（土田　滋・福井　玲・中川　裕（訳）(2003)『世界音声記号辞典』三省堂.）

Roach, Peter (1991) *English Phonetics and Phonology: A Practical Course*, Second Edition, Cambridge: Cambridge University Press.（島岡　丘・三浦　弘（訳）(1996)『英語音声学・音韻論』大修館書店.）

Roach, Peter (2009) *English Phonetics and Phonology: A Practical Course*, Fourth Edition, Cambridge: Cambridge University Press.

Teschner, Richard V. and M. Stanley Whitley (2004) *Pronouncing English: A Stress-Based Approach with CD-ROM*, Washington, D.C.: Georgetown University Press.

第4章 音節・音連鎖・連続音声過程

服部 義弘

　本章では，分節音（母音と子音）がなんらかのまとまりをなした上位の単位について考察を進め，さらに，そのような単位の内部および単位間で生ずるさまざまな連続音声にかかわる現象を概観することにする．

4.1 音　節

　1つ以上の分節音がまとまって構成される発話上の単位を**音節**（syllable）と呼ぶ．その内部には切れ目がなく，前後に切れ目があると感じられる，1つまたはそれ以上の分節音が集まって構成されるものである．各言語の母語話者は発話を産出する際に，このような単位を直観的に感じとっており，例えば，英語話者であれば，computer という語には com-put-er という3つに区切られた単位を意識するであろうし，日本語話者であれば，「つくえ」という語に同様に「つ-く-え」という区切りがあると感ずるであろう．

　しかしながら，音節という単位を音声学的に厳密に定義することは必ずしも容易なことではない．これまでにもさまざまな提案がなされてきたが，いずれも十分に満足のゆく定義にはなっていない．例えば，聞こえ（相対的な音の大きさをいい，概略，どの程度遠くまで聞こえるかということ）の頂点が音節を構成するという説とか，肋骨と肋骨の間を結ぶ肋間筋という筋肉の運動により生ずる胸の呼吸拍が音節の形成に参与するという**胸拍説**（chest pulse theory）などがあるが，いずれも一長一短があり，完全なものとはいえない．ここでは漠然と本節冒頭で述べたような単位を音節と呼んでおく．

　以下，本章では音声学的な観点から音節を考察し，音韻論的な議論には深く立ち入らない．音韻論的観点からの音節の分析について詳しくは第3巻『音韻論』を参照されたい．

4.1.1 音節の構造

　そもそも音節とはどのような構造をもつものであろうか．英語の eye /aɪ/ や

owe/oʊ/，日本語の「胃」/i/ や「絵」/e/ などの語を想起すればわかるように，母音だけからなる語は存在するが，子音のみでできている語というものは日本語にも英語にも存在しない．上記の語はすべて1音節からなる語であるが，音節を構成するためには必ず母音がなければならないことがわかる（子音のみからなる音節については後述）．この,音節の中心となる必須要素を**音節核**（syllable nucleus），あるいは単に**核**（nucleus）と呼ぶ．また，英語の tea/ti/ や my/maɪ/，あるいは日本語の「目」/me/ や「田」/ta/ の例によって明らかなように，音節核の前に子音がくることができる．音節核の前の子音を**（音節）頭子音**（onset）という．後述するように，頭子音は1つとは限らない．さらに，eat/it/，aim/eɪm/，「円」/eɴ/ などの語からわかるように，音節核の後ろにも子音が続くことが可能である．音節核に後続する子音を**（音節末）尾子音**（coda）という．これも後で述べるように，英語の場合は尾子音も複数個並ぶことができる．これまで見た例は，頭子音か尾子音かのいずれか一方のみを有する語であったが，頭子音と尾子音は共起できるから，meat/mit/，name/neɪm/，「本」/hoɴ/ という音節構造をもった語が可能となる．

以上をまとめると，音節の構造は次の (1) のようになっていることがわかる．

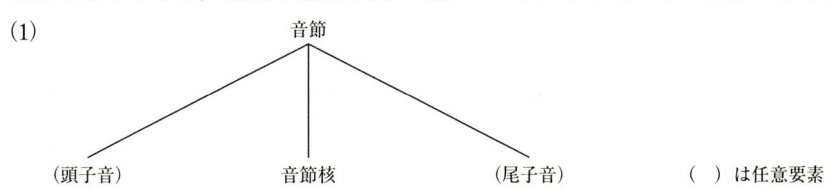

(1)　　　　　　　　　　　　音節

　　　　　（頭子音）　　　音節核　　　（尾子音）　　　（　）は任意要素

英語においても日本語においても，頭子音をもたない音節より，頭子音を有する音節の方が圧倒的に多い．この傾向は世界の諸言語に一般的に見られるものである．これに対し，尾子音はない方がむしろ世界の趨勢である．尾子音をもたない音節を**開音節**（open syllable）と呼び，尾子音をもつ音節は**閉音節**（closed syllable）と呼ばれる．日本語では，いわゆる撥音の「ン」で終わる音節と促音の「ッ」で終わる音節のみが尾子音をもつ閉音節であり（「案内」/*an*・nai/，「一般」/*ip*・paɴ/），それ以外はすべて開音節である．この点に関する限り，英語は世界の言語の中でも特殊であって，閉音節構造がきわめて多い言語である．

上記 (1) において音節構造を示したが，(1) では頭子音，音節核，尾子音が音節の節点から三叉に枝分かれした形で表示されていた．ここで問題になるのは，音節を構成する3つの要素は，このように平板に並んでいるのかどうかという点

である．

　音節の内部構造は，論理的可能性としては，下記 (2a)～(2c) に示す3つのうちのいずれかの形をしているものと考えられる．ここで，σ は音節，O は頭子音，N は音節核，C は尾子音をそれぞれ表すものとする．

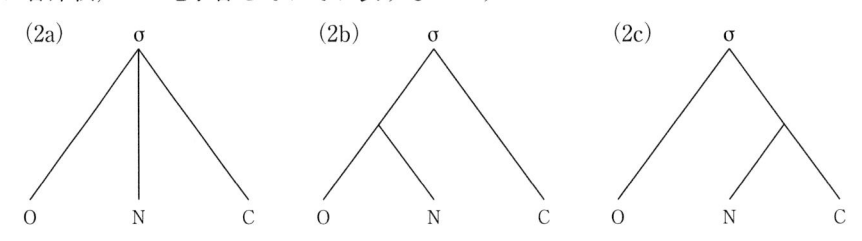

```
(2a)      σ              (2b)      σ              (2c)      σ
        / | \                     / \                      / \
       /  |  \                   /   \                    /   \
      /   |   \                 / \   \                  /   / \
     O    N    C               O   N   C                O   N   C
```

(2a) のような構造を**平板構造**（flat structure），(2b) (2c) のような構造を**階層構造**（hierarchical structure）と呼ぶ．階層構造のうち，(2b) を**左枝分かれ構造**（left-branching structure），(2c) を**右枝分かれ構造**（right-branching structure）と呼ぶ．結論的に述べれば，英語に関する限りは，各種の証拠から判断して，(2c) の「右枝分かれの階層構造を形成している」と見るのが妥当であると考えられる．ここでは，音声学的観点からその妥当性を検討してみよう．

　第2章において，音節末に生起可能な開放母音と音節末には現れない抑止母音の区別を見たが，他の条件が同じであれば，開放母音の方が抑止母音に比べ長いといえる．しかし，音声環境によっては開放母音と抑止母音の長さにほとんど差が見られない場合がある．例えば，開放母音を含む beet と抑止母音を含む bid とを比べてみると，有声破裂音 /d/ の前の抑止母音 /ɪ/ と無声破裂音 /t/ の前の開放母音 /i/ はほぼ同じ長さをもつ．極端な場合には，bid の母音の方が beet のそれより長いことさえある．一般に，尾子音の位置に有声子音がきた場合と無声子音がきた場合とでは，有声子音がきた場合の方が，前の母音の長さが長くなる．また，尾子音が続かない bee では，さらに母音が長くなる．よって，① 同一環境であれば，開放母音の方が抑止母音より長い，② 有声子音の前の母音の方が無声子音の前の母音より長い，③ 有声子音の前の母音より尾子音をもたない母音の方が長い，の3点から，bit, beet, bid, bead, bee という5語に含まれる母音の長さを比べてみると，短いものから順に次のような配列になる．

　(3)　bit ＜ bid，beet ＜ bead ＜ bee

　これは実は，子音自体がもっている本来の長さが，無声子音の方が有声子音より長いという一般的傾向を反映したものであって，尾子音が長ければその前の母

音を短くし，尾子音が短ければその分，前の母音は長くなり，尾子音がなければ母音は一層長くなるという，いわば代償効果が作用しているわけである（Lehiste 1970）．

以上述べたように，音節核の母音とそれに後続する尾子音との間には代償関係が存在することがわかった．これと同様の関係が頭子音と音節核との間に存在することを示す証拠は，少なくとも英語に関しては見出されていない．したがって，英語の音節構造は上記の (2a) のような平板構造ではなく，また，(2b) のような左枝分かれ構造でもなく，(2c) の右枝分かれ構造を有していることが明らかとなった．右枝分かれ構造において，音節核と尾子音とのまとまりを**韻**(rhyme, rime, ライム) と呼ぶ．英詩などに用いられる文学上の技巧である「脚韻」はこの部分を一致させるものである．ライムという単位を設定する1つの傍証となると思われる．この要素を組み込んで，先の (2c) を書き換えると次のようになる．

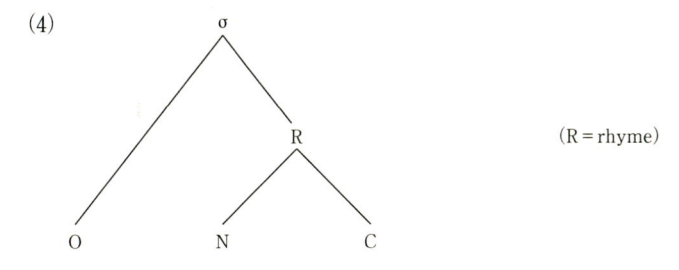

(4)

```
        σ
       / \
      /   R
     /   / \
    O   N   C
```

(R = rhyme)

次に，日本語の音節構造について考えてみよう．日本語においても英語同様に階層構造を設定すべきであろうか．

まず，上述した英語の例のように，音節核と尾子音との間に密接な相互関係があるとするような証拠は，日本語では見つかっていない．それでは，日本語の音節は平板な構造をしているのであろうか．ここで問題となってくるのが，モーラという単位である．日本語には音節とは別に**モーラ**（mora）と呼ばれる単位が存在する．音韻論的観点から英語にもモーラを認める立場もあるが，本巻では詳細に立ち入らない．モーラとは元来，西洋古典詩学で用いられる用語であり，概略，短音節1個に相当する長さを表す単位である．日本語では，仮名文字1字，キャ，チュ，ミョなどの拗音の場合に限り2字分に相当する時間上の単位である．促音の「ッ」，撥音の「ン」，長音の「ー」もそれぞれ1モーラの長さをもつ．したがって，例えば，「アメ」（雨），「アン」（案），「クー」（空），「キュー」（急）はそれぞれ2モーラ，「カッパ」（河童）は3モーラである．「エ」（絵）も「メ」（目）も

1モーラであるから，頭子音のあるなしはモーラの長さに関与せず，「ハ」（歯）と「ハン」（半）ではモーラ数が変わるから，尾子音の有無はモーラの長さに影響を与える．

このモーラという単位は音節構造とのかかわりからいえば，頭子音と音節核のまとまりを表す単位であるということになる．この仮名文字1字に相当するモーラという単位は日本語においてきわめて重要な役割を果たしており，日本人の脳内に，非常に安定した単位として定着しているということができる．したがって，日本語の音節構造は，英語のように音節核と尾子音とがまとまってライムを形成するという構造でなく，音節核はむしろ直前の頭子音とより密接に結びついていると考えられる．

日本語の音節構造（閉音節の場合）は(5)のような形状をなしているとみなすことができる．

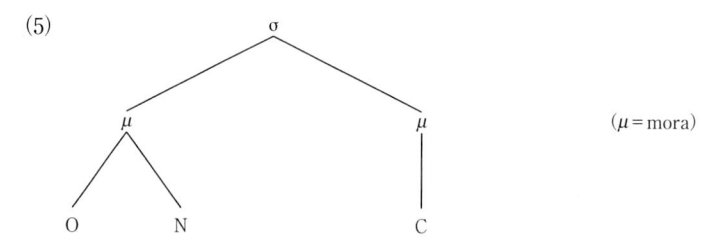

(5)

```
          σ
         / \
        μ   μ
       / \   \
      O   N   C
```

(μ = mora)

よって，日本語についても音節構造は平板なものではなく，階層的なものであることがわかった．英語と日本語の音節構造の違いは，英語が右枝分かれ構造であるのに対して，日本語は左枝分かれ構造であるという点に存するといえる．

4.1.2 聞こえの階層

次に，音節内部の分節音の配列はどのようになっているかという問題を考えてみたい．音節を定義する際に，聞こえに基づく方法があることはすでに述べた．音の**聞こえ（度）**（sonority）というのは，同じ長さ，強勢，高さを伴って発せられた場合の，他の音と比較した相対的な音の大きさをいう（Ladefoged and Johnson 2011: 245）．これによれば，母音は子音より聞こえが大きく，有声音は無声音より，また，摩擦音は破裂音より聞こえが大きい．概して，口腔の開きが大きい音ほど聞こえは大きいといえる．この聞こえによって音節内の分節音配列の様相を観察してみると，聞こえのもっとも大きい音（通例，母音）を中心として，そこから左右に離れれば離れるほど，聞こえが小さくなるという山型の構造をなし

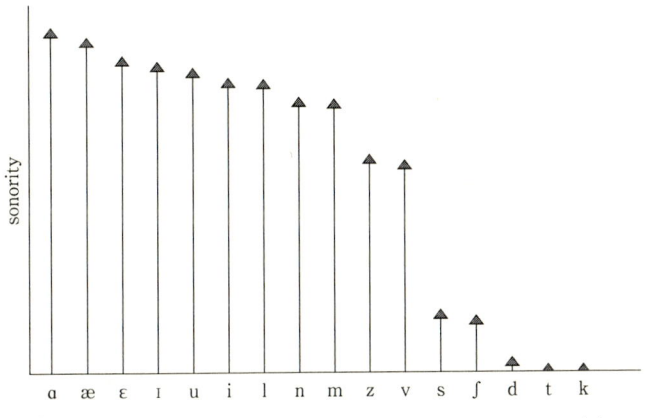

図1 英語音の相対的聞こえ（Ladefoged and Johnson 2011: 246 より）

ていることがわかる．つまり，音節核に聞こえのもっとも大きい音が配置され，頭子音や尾子音には聞こえの相対的に小さい音が来て，しかも，頭子音，尾子音が複数個並ぶ場合には，左右の端にゆけばゆくほど聞こえの小さい子音が配置されるということになる．参考までに，英語音の聞こえのグラフを掲げておく（図1）(Ladefoged and Johnson 2011)．

上述したように，音節核には聞こえの大きい母音が配置されるのが通例であるが，比較的聞こえの大きい子音も音節核を構成することがある．このような子音を **成節子音**（syllabic consonant, 音節主音的子音）という．英語では側面接近音 /l/ や鼻音などが成節子音の代表的なものである．音声表記は各子音字母の下（あるいは，下に突き出ている字母の場合は上）に $[_{|}]$（または $[^{|}]$）を付して表す（例えば，little [lɪtl̩]，button [bʌtn̩]，bacon [beɪkn̩] のように）．

4.1.3 頭子音連鎖と尾子音連鎖

音節の頭子音および尾子音の位置に並べられる分節音の数は言語ごとに異なるが，英語では，音節頭部に最低0個から最高3個まで子音（連鎖）が生じ，音節末尾には0個から4個までの子音（連鎖）の生起が可能である．アバクロンビー (Abercrombie 1967: 75) に従ってこれを示せば，(6) のようになる．

(6) $C_{0-3}VC_{0-4}$

ここで，V は音節核となる母音を，C_{0-3} は頭子音が1つもないか，あっても3

つまで可能であることを表し，C_{0-4} も同様に尾子音が1つもないか，ある場合は最高4つまで並べられることを意味している．英語では尾子音をもたない開音節よりも，これを有する閉音節の方が一般的である．これに対し日本語では，尾子音の位置に生じることができるのは撥音の「ン」と促音の「ッ」で終わる音節の場合のみであることは前述したとおりである．しかも，子音連鎖は許されず，1個の子音のみが尾子音位置に許容される．つまり，日本語では母音で終わる開音節が圧倒的に多いといえる．頭子音位置に生起できる連鎖も，いわゆる拗音の場合の，子音＋接近音 /j/ の2子音連鎖が最高である (/kj-/, /pj-/, /mj-/ など).

　英語において，頭子音や尾子音の位置に子音連鎖が生じる場合，どのような配列が許容されるのであろうか．もちろん，いかなる順序でも自由に起こりうる，というような状況にはなっていない．前項ですでに述べたように，音節内の分節音配列は音節核にもっとも聞こえの高いものがきて，音節核から左右に離れるほど聞こえは小さくなるのであった．したがって，頭子音，尾子音に子音連鎖が生じる場合には，頭子音では左にある子音ほど，尾子音の場合は右にゆくほど聞こえの小さい子音が配列されることになる．例えば，頭子音の2子音連鎖の場合，聞こえの小さい破裂音や摩擦音などは第1子音の位置を占めるのが普通であり，/l, r, j, w/ などの接近音はより音節核に近い第2子音の位置を占めるのが一般的である (play, try, clear, bread, dream, glow, few, throw, swim, view など)．また，鼻音は接近音より聞こえが小さいとされるから，鼻音を第1子音，接近音を第2子音とする頭子音連鎖も可能である (music, new など)．しかし，鼻音は摩擦音に比べ，聞こえが大きいから，摩擦音を第1子音，鼻音を第2子音とする連鎖も生じうる (smile, snake など)．ところが，聞こえの尺度から見て，許されないはずの連鎖が生ずる場合がある．それが頭子音に /sp-/, /st-/, /sk-/ を有する一群の語である (speak, stay, sky など)．これらは，/p/, /t/, /k/ という聞こえのもっとも小さい無声破裂音の外側に，より聞こえの大きい無声摩擦音 /s/ が配置された，特殊な事例であって，聞こえの尺度に基づく頭子音連鎖の唯一の例外といってよいものである．

　逆に，聞こえの尺度に合致していれば，頭子音連鎖としてすべて許容されるかといえば，それも事実ではない．一例を挙げれば，いま上で述べた /sp-/, /st-/, /sk-/ は連鎖を逆転させて /ps-/, /ts-/, /ks-/ とした場合，聞こえの尺度に合致した並びになっているにもかかわらず，英語としては許容されない頭子音連鎖である．尾子音連鎖と併せ，聞こえの尺度で説明できない音連鎖の問題には，音韻

論の側からの精査も必要と考えられ，本巻ではこれ以上深く立ち入らない．

次に，頭子音の3子音連続の場合を考えてみよう．この場合，頭子音の第1子音の位置に生起しうるものは /s/ のみである．続く第2子音位置には無声破裂音 /p, t, k/ のみが起こり，第3位置には接近音 /l, r, j, w/ のいずれかしか起こらない（例えば，split, string, screw など）．しかも，この3子音のすべての組み合わせが可能なのではなく，/spw-, stl-, stw-/ で始まる音節は英語には存在しない．注意すべきは，3子音連鎖のいずれの場合も /sp-, st-, sk-/ の部分で聞こえの尺度に違反する並びになっていながら，音連鎖として実在するということである．

音節末の子音連鎖についても，ほぼ聞こえの尺度にそった並びが実在するが，頭子音の場合と鏡像的に，/-ps/, /-ts/, /-ks/ が聞こえの尺度に違反する並びであるにもかかわらず，存在する．先に，頭子音連鎖の最高数は3，尾子音連鎖の最高数は4ということを述べたが，4尾子音連鎖の最後尾に位置するのは，名詞の複数語尾，動詞の時制語尾などの屈折語尾の -s や -(e)d を表す /-s, -t/ のみである（tempts/-mpts/, texts/-ksts/, sixths/-ksθs/, glimpsed/-mpst/ など）．よって，これを除外すれば，頭子音，尾子音とも最高は3子音連続という鏡像関係が成立することになる．

頭子音連鎖として最高3個の子音が並び，尾子音連鎖としては最高4個の子音連続が起こりうるということは，発話内では，尾子音に4個の子音連鎖をもつ語と頭子音に3個の子音連鎖をもつ語とが並列したときに，7個の子音連鎖が生じることになり，これが英語において生じうる最長の子音連鎖ということになる．例えば，She tempts strangers. において /-mpts/ + /str-/ という子音連鎖が生じている（枡矢 1976: 284）．

4.1.4 分節化：音節境界の画定

本項では，音節の切れ目がどこにくるかという問題を考えてみる．複数個の音節が連続したときに，どこで個々の音節に区切るかという問題が生じるが，音節の境界を画定することを**分節化** (syllabification) という．syllabification には別に，綴り字上の語の分割という「分綴法」の意味（辞書の見出し語に付されている「・」による区切り表示）もあるが，ここでは綴り字ではなく，純粋に音声上の分節化の問題に絞って議論する．

語を分節化することは当該言語の母語話者には容易であるように思われるが，必ずしもそうであるとは言い切れない．形態素の境界を考慮に入れるかどうかな

ど，文法他部門の情報に配慮するかどうかによっても違ってくる．母語話者の言語直観にも揺れがあり，例えば，express の /-kspr-/ の部分はいくつかの分節化の可能性があり，音節境界は常に一定しているわけではない．

英語について分節化の概略を示せば以下のようになる．すなわち，① 強勢のある開放母音（緊張母音）のあとの子音は後続音節の頭子音となる．② 強勢のある抑止母音（弛緩母音）のあとの子音は当該音節の尾子音とする．③ 子音（連鎖）について頭子音に属させるべきか，尾子音とすべきか判然としない場合，英語の頭子音連鎖として可能な限り，頭子音の方にまわす（音韻論でいう「最大頭子音の原則」(maximal onset principle)）．例えば，phonetics という語を例に挙げれば，/t/ は抑止母音 /ɛ/ のあとにあるから，② によって /fə-ˈnɛt-ɪks/ と分節されることになる．ただし，③ の基準を優先する話者（あるいは学者）は，/fə-ˈnɛ-tɪks/ と分節するであろう．また，espy という語は，語中の /p/ を帯気音化するかどうかによって，[ɪs-pʰaɪ]（/p/ が音節の冒頭にきて帯気音化する場合）とも，[ɪ-spaɪ]（音節頭において /p/ に /s/ が先行するため，/p/ が無気音となる場合）とも分節されうる．なお，ここでいう開放母音（緊張母音），抑止母音（弛緩母音）については第2章を参照されたい．

4.2 連続音声過程

分節音が横に連なって音声連鎖が構成されるとき，現実の発話ではさまざまな音声現象が起こる．すなわち，母語話者のよどみのない（fluent）発話は，注意深い，念入りな発話とは異なり，隣接あるいは近接する分節音どうしが互いに影響しあい，微妙な音声現象を引き起こすわけである．書き言葉との対比でいえば，注意深い発話が，いわばワープロで一文字一文字入力するという状況にたとえられるのに対して，自然なよどみない発話は手書きで走り書きするような場合に似ているといえようか．

例えば，英国容認発音（RP）の話者の発話では，I don't suppose you could make it for five. (音素表記で /aɪ dəʊnt səpəʊz ju kʊd meɪk ɪt fɔ faɪv/) の可能な発音形式の1つは，[nspəʊʒxəbmeːxɪffaɪv] である（Nolan and Kerswill 1990）．母語話者のよどみのない発話に現れる，さまざまな弱化・単純化を含む形式を，本巻では**連続音声過程** (connected speech processes, 以下，CSPs と略記）と呼ぶことにする（Nolan and Kerswill 1990）．以下，本節では，主として英語の発話に現れる種々の

連続音声過程を概観することにする*1．日本語の事例についても，必要に応じて取り上げる．

4.2.1 同化

音声連鎖において，ある音が隣接あるいは近接する音の影響を受けて，その音と同じか類似した音に変質することを**同化**（assimilation）という．これはもっとも代表的な CSPs の1つといえる．例えば，ribbon [ɹɪbn̩] → [ɹɪbm̩] では [n] が先行する [b] の両唇性に同化して [m] となり，ten men においては，ten の [n] が後続の men の [m] に同化して，[tem men] となる．以上の例に見てとれるように，同化は語の内部でも，語と語を隔てても同様に起こりうる．

また例えば，please, play などにおいて，/l/ が無声化するが，これも先行する無声音 /p/ の影響によるものである．ただしこの場合は，/l/ は本来有声であったものが，先行の /p/ の影響で無声化したというより，そもそもこの位置では最初から無声化していると考えるべきであると，ジョーンズ（Jones 1960: 217ff.）は述べ，影響を及ぼす側の音声と影響を受ける側の音声に**類似**（similitude）があるとしている．つまり，ジョーンズは隣接音の影響を受けて，ある音の異音が決定される場合を類似と呼び，上述の ribbon [ɹɪbn̩] → [ɹɪbm̩] のように隣接音の影響により，本来のものとは異なる音素になる同化と区別している．しかし実際には同化と類似を明確に区別することはしばしば困難であり，上記の類似をも含めて同化として扱うのが一般的である．隣接する音の影響によってある音素が他の音素に変わるといっても，それは具体的音声のレベルでの話であって，話者も聴き手も音素が変わったという認識はもっていないはずである．

同化にはさまざまな種類があるが，まず，影響を与える方向によって3種類に区別される．すなわち，前（左）の音が後（右）の音に影響を与える場合，逆に，後（右）の音が前（左）の音に影響を及ぼす場合，そして，お互いに影響し合う場合である．最初のものを**順行同化**（progressive assimilation, **進行同化**），その逆の過程を**逆行同化**（regressive assimilation）または**予期同化**（anticipatory assimilation），そして最後のものを**相互同化**（reciprocal assimilation）という．英語では逆行同化の頻度が圧倒的に高い．以下にそれぞれの若干の例を挙げる．

(7) a. 順行同化：happen [hæpm̩], ribbon [ɹɪbm̩], bacon [beɪkŋ̍], bag and [bægŋ̍]

---

*1 本節の具体例の多くは枡矢（1976）および竹林（1996）に負うている．

baggage
　b. 逆行同化：newspaper [-sp-], ten girls [-ŋg-], of course [-fk-]
　c. 相互同化：miss you [mɪʃʃu], in the [ɪnðə]

　同化はその程度・度合いの面から分類することもできる．this shoe [ðɪʃ ʃu] のように，当該の 2 つの分節音がまったく同一になる場合を**完全同化**（complete assimilation），good morning [gʊb mɔnɪŋ] のように，[d] が [m] の調音点にのみ同化して [b] となるような場合を**部分同化**（partial assimilation）という．

　さらに，同化を引き起こす要因となる分節音と，同化される分節音との距離の面からの分類も可能であって，直接隣り合う分節音どうしの場合を**隣接同化**（adjacent assimilation），やや離れた位置にある分節音が他の分節音に影響をあたえる場合を**遠隔同化**（distant assimilation）と呼んで区別する．ほとんどの同化現象は隣接同化によるものである．遠隔同化の例としては，例えば，turn up trumps という慣用句において，turn の /n/ が後続する複数の両唇音（いずれも /n/ に直接隣接してはいない）の影響で [m] で発音される場合を挙げることができる（Crystal 2008）．

　発声及び調音の観点から同化を類別することもできる．発声に関する同化として，無声音の影響で有声音が無声音となる同化と，有声音に同化して無声音が有声音になる場合とがある．前者を**無声化**（devoicing），後者を**有声化**（voicing）と呼ぶ．

(8) a. 無声化：newspaper [-sp-], of course [-fk-], with thanks [-θθ-], width [-tθ]
　　b. 有声化：butter [-ɾ-], water [-ɾ-]（米音において，しばしば母音間の /t/ が有声のたたき音となる．），congratulate [-gɹædʒ-]（米音でしばしば，母音間の無声子音が有声化する．）

　なお，語をまたいで起こる逆行同化では，無声化は頻繁に起こるが，有声化は，少なくとも英米の標準発音では起こらない．例えば，black box において，box の語頭音の影響で black の尾子音が [-g] となることはないということである．

　日本語の有声化現象で逸することのできないのは，複合語の右側要素の初頭の清音が濁音化（有声化）する，いわゆる**連濁**（rendaku, sequential voicing）という現象である．「戸」に対する「網戸」，「傘」に対する「雨傘」における [t] → [d], [k] → [g] の変化がそれである．音韻論の立場からさまざまな規則化がなされているが，例外も多く，定式化は一筋縄ではゆかない．

　日本語（共通語）の無声化現象で特筆すべきは，無声子音に挟まれた高母音 [i],

[ɯ]が,特にアクセント核をもたない場合に無声化する現象である(下丸(Under-ring)[̥]は無声化の補助記号).「人」[ço̥to],「草」[kɯ̥sa]など.このため,日本人英語学習者はこの習慣を英語の発音にもちこまないようにすることが肝要である.なお,この無声化現象は,無声化が連続して現れるような環境では,これを避ける傾向がある.例えば,「菊池さん」は[kikɯtço̥isaɴ]あるいは[kik̥ɯtçisaɴ]となって,無声化の連続を抑えている(斎藤 2003).高母音の無声化についてさらに詳しくは斎藤(2003)を参照されたい.

次に,調音点に関する同化の例を見てゆく.調音点が後続あるいは先行する隣接音と同じになるもので,同化のなかではもっとも頻繁に起こるものといえる.

(9) eighth [eɪt̪θ], width [wɪd̪θ], good boy [gʊbbɔɪ], What's the[zə] time?, cup and [-pm] saucer, Is [ɪʒ] she…?, rock'n'roll [-kŋ-]

この種の同化は一つながりの発話内で連続して起こることがあり,例えば,

(10) It can't be [-mpbi] done.(/b/の影響で直前の/t/が[p]となり,さらにその影響でその前の/n/が[m]となる.)

He couldn't [-gŋk-] come.(同様に,comeの/k/の影響でその前の/t/が[k]に,その影響で/n/が[ŋ]に,さらにその影響で/d/が[g]となる.)

となる.同化は連鎖的に波及するといえる.これを同化の**ドミノ効果**(domino effect)と呼んでおこう.

調音法に関する同化の例は限られているが,接近音の/j/が摩擦音に隣接した環境で摩擦音化する(11)の例や,鼻音に隣接した摩擦音が鼻音化する(12)の例は,調音法の同化と考えられる.

(11) I'll miss you [ʃu].

(12) in the [ð̃ə̃] morning

4.2.2 融合

相並んだ2個の分節音が相互に影響しあって,1個の分節音になる場合がある.これを**融合**(coalescence)と呼ぶ.上述した相互同化に類似しているが,相互同化は問題の2個の分節音が影響しあうものの,分節音数は保持された状態で残っているのに対し,融合は2個の分節音が1つに溶け合ったものをいう.いわば,相互同化した次の段階とみなすことができよう.研究者によっては,相互同化と融合とを区別せず,融合同化として一括りにする立場もあるが,本巻では両者を区別し,融合は同化に含めないものとする.以下に代表的な融合の例を挙げる.

いずれも語境界を隔てた融合であり，英米共通に見られるものである．

(13) /s/ + /j/ → [ʃ]：I'll miss you., this year
  /z/ + /j/ → [ʒ]：as usual, She loves you.
  /t/ + /j/ → [tʃ]：Won't you…?, what you please
  /d/ + /j/ → [dʒ]：Would you…?, Did you…?

語内部の融合は無強勢音節で一般に見られるが，アメリカ英語では融合した発音がほぼ定着しているのに対し，イギリス英語では融合形と非融合形が共存している．

(14) /s/ + /j/ → [ʃ]：tissue [ˈtɪʃu | ˈtɪʃu, ˈtɪsju]
  /z/ + /j/ → [ʒ]：visual [ˈvɪʒuəl | ˈvɪʒuəl, ˈvɪzjuəl]
  /t/ + /j/ → [tʃ]：punctual [ˈpʌŋktʃuəl | ˈpʌŋktʃuəl, ˈpʌŋktjuəl]
  /d/ + /j/ → [dʒ]：gradual [ˈɡɹædʒuəl | ˈɡɹædʒuəl, ˈɡɹædjuəl]

一方，イギリス英語において，due, dew, dual, during, tube, tune, Tuesday などの強勢音節で非融合形 [dj-]，[tj-] 以上に，融合形 [dʒ-]，[tʃ-] が好まれる傾向にある．他方，アメリカ英語ではこれらの語において [j] を脱落させた発音が一般的であるのはよく知られた事実である．

4.2.3 異化

4.2.1 項で述べた同化とは逆に，隣接あるいは近接する音が同一か，あるいは類似している場合，相互に反発しあって，類似点のより少ない音になる現象を**異化**（dissimilation）と呼ぶ．一般に，知覚上の明晰さを保持するためのものであると考えられ，一見，同化とは相反する現象のように思われるが，同音（類音）の反復は調音上も，ことのほか困難であることは，日常的に経験するところであり，調音を容易にする作用である点では共通しているといってよい．

同化の場合と同様，関係する 2 つの分節音どうしの距離によって，当該分節音が隣り合う**隣接異化**（adjacent dissimilation）と，離れた位置から影響を与える**遠隔異化**（distant dissimilation）とが区別される．英語では遠隔異化が大半を占めるが，いずれにせよ同化に比べ，その事例はきわめて少ない．

英語においてもっとも代表的な異化は，アメリカ英語で，同一語中に /ɚ/ が近接して現れるか，/ɚ/ と /r/ が接近して生ずる場合に，前の /ɚ/ が r 音性を帯びない /ə/ に変わる現象であろう（governor [ˈɡʌvənɚ]，vernacular [vəˈnækjəlɚ]，surprise [səˈpɹaɪz] など）．

また，associate という語の発音に関して，イギリス英語では [-soʊs-] と発音する話者の割合が [-soʊʃ-] という異化形を用いる話者に比べ多いが，異化形を用いる話者も 3 割ほどいる．他方，アメリカ英語では [-soʊʃ-] という異化が働いた発音の方が一般的である．しかし，名詞形 association では英米とも [-soʊs- | -səʊs-] を用いる話者の比率が圧倒的に高い (Wells 2008)．おそらく，語尾の -tion [-ʃən] に含まれる [ʃ] との異化作用により，[-ʃɪˈeɪʃən] という形が嫌われるためと考えられる．ここで，動詞形 associate [əˈsoʊsɪeɪt] が [əˈsoʊʃɪeɪt] となる過程は**順行異化** (progressive dissimilation) の例であり，一方，名詞形 association において [əˌsoʊʃɪˈeɪʃən] が，[əˌsoʊsɪˈeɪʃən] となるのは**逆行異化** (regressive dissimilation) の例である．

4.2.4 脱　落

あらたまったていねいな発話には存在する音が，くだけた発話などでしばしば消失することがある．この現象を**脱落** (elision) と呼ぶ．日本語でも，「こんにちは」が「こんちは」(/n/ と /i/ の脱落)，あるいは単に「ちは」となったり，「さようなら」が「さよなら」(長音の脱落)，さらには「さいなら」となったりするような現象が日常的に起こっている．また，先に見た (4.2.1 項を参照) 高母音の無声化現象がさらに進んで,当該母音が脱落することもある.英語においても種々の脱落現象が日常的に聞かれる．以下，英語の代表的な脱落を概観しておく．脱落は語の内部においても，また，語と語をまたいでも生じる．まず，母音の脱落としては，弱母音 /ə/ が，とりわけ /n/, /l/, /r/ の直前で脱落する．

(15) national [ˈnæʃ(ə)nəl], family [ˈfæm(ə)li], camera [ˈkæm(ə)rə], as a matter of fact [-mæt(ə)ver-], over and over [oʊv(ə)rənd-]

子音の脱落で代表的なものとして 3〜4 子音連鎖中の /t/, /d/ の脱落がある．

(16) iced coffee [-s(t)k-], stopped speaking [-p(t)sp-], exactly [-k(t)l-], judged fairly [-dʒ(d)f-], handbag [-n(d)b-],

その他の子音の脱落の例として次のようなものがある．

(17) asked them [-s(k)tð-], a cup of coffee [-pə(v)k-]

また，GA で典型的に聞かれる例として，/nt/ 連鎖における /t/ の脱落がある．

(18) twenty, center, wanted, winter

4.2.5 添　加

前項の脱落とは逆に，分節音の連鎖の間に別の分節音が割って入ることがある．これを**添加**（addition）という．英語における典型的な添加の例は，当該の2つの音の間にこの両音を接続するつなぎの音として，**わたり音**（glide）が挿入されるものである．次の例で見てみよう．

(19) something [-m(p)θ-], answer [n(t)s-], mansion [-n(t)ʃ], strength [-ŋ(k)θ]

(19)に掲げた語は，いずれも語中に「鼻音＋摩擦音」の連鎖を含んでいる．この場合，鼻音を調音するためには口蓋帆を開放し，次の摩擦音のために口蓋帆を閉鎖しなければならない．一方，鼻音を調音するために必要な口腔内の閉鎖は，次の摩擦音の調音の際には開放しなければならない．さらに，有声音である鼻音の発声の際には声帯は振動しており，次の無声摩擦音では声帯の振動はない．この三者の発声・調音活動のタイミングのずれによって，わたり音として無声破裂音が添加されてしまうわけである．つまり，口腔内の閉鎖の開放が遅れることにより，無声破裂音が生じてしまうのである．ウェルズ（Wells 2008）によれば，アメリカ英語でstrengthの語末摩擦音[θ]の前に無声破裂音[k]を添加する話者は80％以上にのぼるとのことである．

4.2.6 連結現象

前項の添加に関連して，イギリス英語に観察される，語と語を結びつけるつなぎとしての分節音の添加現象がある．RPでは語末および子音の前の綴り字のr(e)を発音しないが，これらの母音で終わる語に母音で始まる語が後続したり，母音で始まる接尾辞が付加されたりすると，しばしば/r/音が復活することがある．このとき生じた/r/を**連結の 'r'**（linking 'r'）という．語内部ではこの連結は義務的であり，語と語をまたいで生じる場合は任意である．

(20) for instance [fə(ɹ)ɪnstəns], far away [fɑ(ɹ)əweɪ], more effective [mɔ(ɹ)ɪfektɪv]; hearer [hɪəɹə], starry [stɑɹi]

一方，先行する語の語末に綴り字上r (e) がなくても，同様な現象が起こることがある．これを**嵌入の 'r'**（intrusive 'r'）という．先行母音が/ɑ/, /ɔ/, /ə/の場合に多い．

(21) the idea of it [-dɪə(ɹ)əv-], law and order [lɔ(ɹ)ənd-]; drawing [dɹɔ(ɹ)ɪŋ]

嵌入の 'r' は連結の 'r' の類推により生じたものであるが，しばしば非難の対

象となる.いずれも調音上やや困難を伴う**母音連続**(hiatus)を嫌って,無意識のうちにこれらを使っている話者が多いと考えられる.

　挿入の 'r' の使用が非難されることに対する反動として,連結の 'r' の使用をも差し控えようとする気持ちが働く.その場合に母音連続を避ける手段として,連結の 'r' の代わりに声門閉鎖音 [ʔ] が用いられることがある (for instance [fəʔɪnstəns] など).これを**連結の [ʔ]** (linking [ʔ]) という (Wells and Colson 1971: 94).

4.2.7　鼻腔解除と側面解除

　ここで,子音連鎖の調音に関して,特に注意すべき2種類の閉鎖の解除にふれておきたい.まず,破裂音のあとに調音点を同じくする鼻音が後続したとき,その破裂音は通常の口腔内の閉鎖(両唇,歯茎,軟口蓋)の開放を行わず,つまり,両唇,歯茎,軟口蓋の各調音点を閉じたままの状態にして,口蓋帆の閉鎖解除を行う.これを**鼻腔解除**(nasal release)といい,このとき生じる破裂を**鼻腔破裂**(nasal plosion)という.以下のような子音連鎖で鼻腔解除が起こる.

(22)　[-pm̩]：happen, open
　　　[-bm̩]：ribbon, gibbon
　　　[-tn̩]：button, mitten
　　　[-dn̩]：sudden, hidden
　　　[-kŋ̍]：bacon, deacon
　　　[-gŋ̍]：wagon, dragon

なお,(22) の諸例はいずれも語末に生じる例で,鼻腔解除の際に鼻腔破裂を伴うが,topmost, submarine, midnight など語中に生じる場合は鼻腔解除の際に破裂は伴わない.日本人英語学習者はこの鼻腔解除が容易には行えず,口腔内の閉鎖を解除してしまうことが多いので注意を要する.

　次に,破裂音 /t/, /d/ のあとに,これと調音点を同じくする側面音 /l/ が後続した場合,/t/, /d/ から /l/ に移る際に,舌尖の歯茎への接触を保ったまま,舌の両側面ないし片側面で閉鎖解除が行われる.これを**側面解除**(lateral release)と呼び,その際生じる破裂を**側面破裂**(lateral plosion)という.

(23)　[-tl̩]：bottle, cattle
　　　[-dl̩]：candle, middle

この際にも学習者は往々にして舌尖を歯茎から離してしまうので,注意を喚起したい.

4.2.8 同時調音と二次調音

　連続音声過程にかかわる事象として，最後に同時調音の問題を取り上げることにする．英語の key の語頭子音も caw の語頭子音も，いずれも音素としては同じ /k/ であるが，前者の場合，前舌母音の前の位置にあるため，調音点が前寄りとなるのに対し，後者では後舌母音に先行するため，後寄りの調音点となり，さらに，当該母音が円唇母音であるために，その影響を受けて，円唇化した [kʷ] として具現化する．この例に見られるように，ある音の産出に際し，同時に 2 箇所で調音が行われることを**同時調音**（co(-)articulation）または**二重調音**（double articulation）という．その際，/k/ を産出するための後舌面による軟口蓋の閉鎖という，当該音声をつくりだすのに不可欠な本来的な調音を**一次調音**（primary articulation），後続の円唇母音の影響による唇の丸めのような副次的な調音を**二次調音**（secondary articulation）という．また，英語の接近音 /w/ の調音に見られるように，後舌面と軟口蓋の接近と，両唇の接近が同時に行われ，いずれの調音が主で，いずれが従であるとはいえないような場合を特に**同格同時調音**（co-ordinate coarticulation）という（Catford 1977: 188）．

　同格同時調音の場合はある音が前後の環境とは独立して，本来的に二重の調音的特徴をもっているのであるが，二次調音の場合は，上記の caw の例が示すように，後続する母音の性質が影響して調音上の変容を被っていることになる．本節の主題である連続音声過程にかかわりをもつのは，二次調音の方である．

　一般に，二次調音に含まれるのは以下の 5 つである．

(24) a. （硬）口蓋化（palatalization）
　　 b. 軟口蓋化（velarization）
　　 c. 咽頭化（pharyngealization）
　　 d. 唇音化（labialization）
　　 e. 鼻音化（nasalization）

　硬口蓋化（あるいは単に，**口蓋化**）というのは，硬口蓋音以外の子音が，前舌母音に先行する位置にあるとき，前舌面が硬口蓋に向かって盛り上がる現象をいう．日本語の「キ，ニ，ピ，ミ」などにおいて，/i/ の前に位置する子音は硬口蓋化する．英語のいわゆる「明るい 'l'」に硬口蓋化した [l] が認められる（ここで「明るい」というのは「硬口蓋化した」という意味である）．

　軟口蓋音以外の子音が後舌母音の前の位置にきたとき，後舌面が軟口蓋に向かって盛り上がる現象を**軟口蓋化**という．英語の「暗い 'l'」は軟口蓋化した [ɫ] で

ある.なお,軟口蓋化は通例,同時に唇の丸めを伴うから,厳密には**唇軟口蓋化**(labio-velarization)と呼ぶのが妥当であろう.したがって暗い 'l' は舌尖ないしは舌端の歯茎への接触という一次調音に加えて,後舌面の軟口蓋への接近,さらには唇の丸めという,いわば三重調音とでも呼ぶべき調音法の事例といえる.

咽頭音以外の子音の調音に際し,舌を咽頭壁に近づけることを**咽頭化**と呼ぶ.英語の「暗い 'l' 」は時に咽頭化しているともいわれる.また,アメリカ英語のいわゆる「盛り上がり舌のr」および「そり舌のr」の調音に際し,舌根が咽頭壁の方に向かって引かれ,咽頭化が起こっているといわれる.

ある音を調音する際に,同時に唇を丸めることを**唇音化**((lip-)rounding,**円唇化**)という.例えば,quick の語頭の /k/ は後続の接近音 /w/ の影響で唇音化が認められる.なお,唇音化は同時に多少とも唇の突き出し(protrusion)を伴うのが普通である.

口音の調音の際に,口蓋帆と咽頭壁との接触が完全でないため,呼気の一部が鼻腔へ流出してしまうことを**鼻音化**という.フランス語の鼻音化母音(いわゆる鼻母音)は有名である.英語においても鼻音に隣接した音が鼻音化する例はよく知られている.例えば,twenty において /n/ に後続する /t/ が鼻音化して,鼻音化たたき音になるなど([twɛ̃ɾi]).

以上,4.2 節では自然な発話に現れるさまざまな音声現象,とりわけ時間軸上に出現する種々の連続音声過程について概観してきた.最後に述べた同時調音ないし二次調音にかかわる現象はやや特殊な音声現象と思われるかもしれないが,実情はそうではない.極論すれば,われわれの調音活動はほとんどすべて同時調音であるといっても過言ではない.発話を構成する1つ1つの分節音は,どれ1つとってもそれだけで独立して存在するものはなく,つねに隣接ないし近接する前後の分節音の影響を受けているのである.外国語に習熟しようとする者は絶えずこのことを念頭に置き,教室という場で教えられる,ゆっくりした調子の,丁寧な発音ばかりでなく,自然な生きた発話に現れるさまざまな音声変化現象に目を(耳を?)向けるべきであると考えられる.

◯ より深く勉強したい人のために

- Brown, Gillian (1990) *Listening to Spoken English*, Second Edition, London: Longman.
  日常の会話に用いられる英語が,教室で教えられる 'slow colloquial English' とはいかに違うかということを,さまざまな音声現象を引き合いに出して解説している.本

章で取り扱った連続音声過程の実相を明らかにしてくれる好著.
- Hardcastle, William J. and Nigel Hewlett (eds.) (1999) *Coarticulation: Theory, Data and Techniques*, Cambridge: Cambridge University Press.
本章で取り上げた同時調音の問題について,さまざまな立場から論じた18編の論文を収めた論文集.やや高度.

演習問題

1. 音節が平板な構造ではなく,階層構造をなしていると考えられる根拠を挙げなさい.また,英語と日本語では音節の階層構造の枝分かれが異なっていることについても論じなさい.
2. 次の語を音節に分けなさい(綴り字上の分綴だけでなく,音声表記上の分節化も行うこと).
   (1) admirable (2) chocolate (3) documentation (4) extraordinary (5) guarantee (6) hospitality (7) inappropriate (8) knowledgeable (9) popular (10) theology
3. 音声表記されたものを通常の綴りに直しなさい.その際,どのような連続音声過程が適用されているかについても考察しなさい.
   (1) [hʌndɹəb paʊndz]　(2) [wəʊŋʔk gəʊ]　(3) [wɛs ʤəmən]
   (4) [wɪbɪŋ kənsɪdɹɪŋ]　(5) [wɪləbɪn]

文献

窪薗晴夫・溝越　彰 (1991)『英語の発音と英詩の韻律』英語学入門講座第7巻.英潮社.

枡矢好弘 (1976)『英語音声学』こびあん書房.

斎藤純男 (2003)「現代日本語の音声　分節音と音声記号」上野善道(編)『音声・音韻』朝倉日本語講座3,朝倉書店:1-21.

竹林　滋 (1996)『英語音声学』研究社.

Abercrombie, David (1967) *Elements of General Phonetics*, Edinburgh: Edinburgh University Press.

Catford, J. C. (1977) *Fundamental Problems in Phonetics*, Edinburgh: Edinburgh University Press.

Crystal, David (2008) *A Dictionary of Linguistics and Phonetics*, Sixth Edition, Oxford: Blackwell Publishing.

Jones, Daniel (1960) *An Outline of English Phonetics*, Ninth Edition, Cambridge: Cambridge University Press.

Ladefoged, Peter and Keith Johnson (2011) *A Course in Phonetics*, Sixth Edition, Boston, MA: Wadsworth.

Lehiste, Ilse (1970) *Suprasegmentals*, Cambridge, MA: MIT Press.

Nolan, Francis and Paul E. Kerswill (1990) "The description of connected speech processes," Susan Ramsaran (ed.) *Studies in the Pronunciation of English: A Commemorative Volume in Honour of A. C. Gimson*, London: Routledge.

Wells, J. C. (2008) *Longman Pronunciation Dictionary*, Third Edition, Harlow: Pearson Education Limited.

Wells, J. C. and Greta Colson (1971) *Practical Phonetics*, London: Pitman Publishing.

第5章 強勢・アクセント・リズム

福島彰利

5.1 強勢とアクセント：定義

　本章で扱う**強勢**（stress），**アクセント**（accent）という語は，それぞれ意味が1つだけに限られずさまざまな意味をもっており，場合によってはまったく同じ意味で使われることもあるので，以下のような了解のもとにそれぞれの語を定義しておきたい．

　強勢は，「語」のレベルのものと，「文」のレベルのものとを区別する必要がある．語のレベルでは，語を読んだ場合もっとも強く読まれる箇所という言い方が一般的だが，この強く読まれる箇所は必ずしも「強さ」をもっているだけではなく，音が高くもなり，長くもなっているという特性をもっていることが実験的に明らかになっている．つまり，語中のある部分が強く・高く・長く読まれることで，その部分はそれ以外の部分より「目立つ」ことになる．この目立ちを**卓立**（prominence）と呼ぶのだが，強勢は「語内の特定の音節に与えられた卓立」と定義しておく．強勢は音節数にかかわりなく，すべての語が有している特性である．

　一方，文のレベルになると語中の強勢部分は，必ずしも卓立をもたない場合があるが，このことは5.3節で詳しく述べることとする．

　アクセントは，上述の強勢や卓立とほぼ同義で使われることがある．しかし本章で使用するアクセントという語は，クラトゥンデン（Cruttenden 1997）やウェルズ（Wells 2006）に示されているものと同じで，ピッチの変化でもたらされる卓立をさす．いいかえると，アクセントとは「**イントネーション**（intonation）の要請でもたらされる，情報として聞き手に伝えたい文中の要素である」と定義し，強勢と使い分けることにする．

　上述のように，強勢もアクセントも卓立と関係しているという共通点がある．その限りにおいて，強勢によってもたらされる卓立を**強勢アクセント**（stress accent），ピッチによってもたらされる卓立を**ピッチアクセント**（pitch accent）と呼

ぶことがある．

5.2 語強勢

5.2.1 単純語と派生語の強勢

英語における語の強勢位置は，各語に固有のものであり決して恣意的なものではない．そして，各語の強勢位置をネイティブスピーカーは一々記憶していると考えられなくはないが，興味深いことに，見慣れない語や初めて出くわす語の強勢位置を彼らは正しく予想できる (Roach 1991)．この事実が意味することは，ネイティブスピーカーの脳内には強勢位置を決める規則が備わっていると考えうることである．そうした強勢型を決定する規則にどのような要素が含まれるのかをみていく．

a. 主強勢と第2強勢の存在

(1) 1音節語　'dog　　　　　'sea
　　2音節語　'student　　　ˌho'tel
　　3音節語　'circular　　　ˌenter'tain
　　4音節語　pho'tographer　ˌphone'tician

1音節語の場合，強勢位置に選択肢はなく，その音節自体に強勢がおかれる．2音節以上を含む語の場合は，いずれかの音節に強勢がおかれる．上記の2〜4音節語の例を見てみると，左の列の語には (') の表記1つだけだが，右の列の語には (') と (ˌ) の2つの表記が含まれていることに注目してほしい．(') の表記は**主強勢** (primary stress) を，(ˌ) の表記は**第2強勢** (secondary stress) を示しているのだが，第2強勢は主強勢に比べて卓立の度合が幾分低くなっている．例えば，entertain の場合，第3音節は一番強い強勢をもち，第1音節はそれよりも弱い強勢をもち，第2音節は強勢をもたないというパタンであることを示している．こうした強勢のパタンを図示すると以下のようになる．

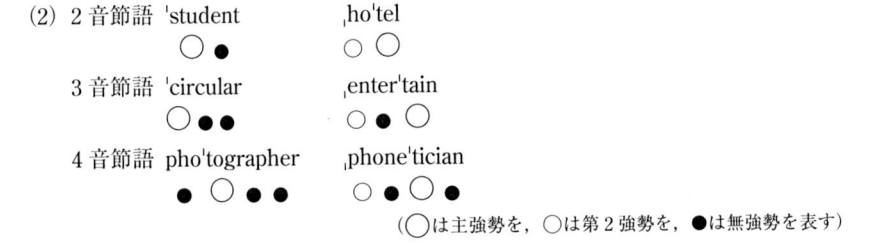

(2) 2音節語　'student　　　　ˌho'tel
　　　　　　　◯●　　　　　　◯◯
　　3音節語　'circular　　　　ˌenter'tain
　　　　　　　◯●●　　　　　◯●◯
　　4音節語　pho'tographer　ˌphone'tician
　　　　　　　●◯●●　　　　◯●◯●

　　　　　　（◯は主強勢を，◯は第2強勢を，●は無強勢を表す）

同じ音節数の語であっても，第2強勢をもつものともたないものの両方が存在する．こうした第2強勢が生じるのは3音節以上の長い語に多く見られるのだが，大半の場合，第2強勢が主強勢より前にくる特徴がある．ウェルズ（Wells 2008）によると，第3音節もしくはそれ以降の音節に主強勢がおかれる場合，第1もしくは第2音節に第2強勢が生じる．

語中に主強勢だけでなく第2強勢が生じるのは，英語のリズムと関係しているとファッジ（Fudge 1984）は述べている．彼によると，英語は強勢音節（主強勢・第2強勢を含めて）と無強勢音節が交互に生じるのがもっとも自然であるという．特に，音節数の多い語において強勢が後ろ寄りにおかれる場合，それより前にある音節すべてを無強勢のままにせず，「強弱」の繰り返しという理想的なパタンを作り出そうとする原理が作用する．この原理が英語の発話にもたらす音声現象については，5.4節で扱うことにする．

b. 統語範疇による強勢パタン

語の中には，同じ綴りをもっているにもかかわらず，主に強勢の位置が違うことで品詞の区別がなされているものがある．そうした語は，大部分がフランス語由来の2音節語で，「接頭辞＋語幹」という語構造となっている．

以下に2音節語と3音節語の例を示すが，必ずしも強勢位置のみで品詞が変わるわけではなく，母音の音質も変わっているものがあることは注意を要する．

リスト中，(A) は形容詞，(N) は名詞，(V) は動詞を表す．

(3) 2音節語

conduct	/ˈkɑːndʌkt/ (N)	/kənˈdʌkt/ (V)
contrast	/ˈkɑːntræst/ (N)	/kənˈtræst/ (V)
object	/ˈɑːbdʒɪkt/ (N)	/əbˈdʒekt/ (V)
present	/ˈpreznt/ (N, A)	/prɪˈzent/ (V)
produce	/ˈproʊd(j)uːs/ (N)	/prəˈd(j)uːs/ (V)
protest	/ˈproʊtest/ (N)	/prəˈtest/ (V)

(4) 3音節語

attribute	/ˈætrɪbjuːt/ (N)	/əˈtrɪbjuːt/ (V)
interchange	/ˈɪntərtʃeɪndʒ/ (N)	/ˌɪntərˈtʃeɪndʒ/ (V)
reprimand	/ˈreprəmænd/ (N)	/ˌreprəˈmænd, ˈreprəmænd/ (V)
supplement	/ˈsʌpləmənt/ (N)	/ˌsʌpləˈment, ˈsʌpləment/ (V)

上記の例を見て明らかなとおり，名詞と形容詞は前寄りに強勢をもち，動詞は後ろ寄りに強勢をもつパタンを擁している．

c. 音節構造による強勢パタン

ここでは「音節の強さ」という観点で，すぐ上で扱った3つの品詞にかかわる強勢配置のパタンを再吟味する．

音節の強さという概念は，音節の構成要素が生み出す相対的な長さのことを指し，**音節量**（syllable weight, syllable strength）と呼ばれている．クラトゥンデン（Cruttenden 2008）は，音節量を強音節（strong syllable）と弱音節（weak syllable）に区分した上で，英語の主強勢の位置は基本的に語の最終音節の「強さ」と「品詞」により決定されるとしている．

(5) 強音節：a. 長母音を含んでいる　　　　弱音節：左記以外の音節
　　　　　　b. 二重母音を含んでいる
　　　　　　c. 短母音＋2つの子音を含んでいる

以下に，動詞，形容詞，名詞の強勢型を記しておく．動詞と形容詞の強勢型には同様の傾向があるが，名詞の強勢型はそれら2つの品詞ほど単純ではない．

(6) 動詞
　a. 最終音節が強音節なら，そこに主強勢がおかれる
　　　a'gree, con'tain, ˌenter'tain, in'tend, in'clude, ˌover'take
　b. 上記 a 以外の場合，主強勢は語尾から2つ目の音節におかれる
　　　de'velop, ex'amine, i'magine, 'punish, 'visit, 'worship
　例外：be'gin, for'get, 'recognize

(7) 形容詞
　a. 最終音節が強音節なら，そこに主強勢がおかれる
　　　af'raid, a'lone, a'sleep, com'plete, ex'treme
　b. 上記 a 以外の場合，主強勢は語尾から2つ目または3つ目の音節におかれる
　　　2つ目　　'clever, ex'cessive, 'famous, 'neutral, 'rigid
　　　3つ目　　'dangerous, 'definite, 'marvelous, 'possible
　例外：'arrogant, co'herent, im'portant

(8) 名詞
　a. 最終音節が強音節なら，そこに主強勢がおかれる
　　　bal'loon, kanga'roo, dis'pute, ma'chine
　b. 上記 a 以外の場合，主強勢は語尾から2つ目または3つ目の音節におかれる
　　　（この場合，最終音節が強音節の場合と弱音節の場合の両パタンがある）

2つ目　'arrow, 'fellow, 'moment, po'tato, 'suffix, en'counter, 'language, 'paper

3つ目　'anecdote, 'appetite, a'nalysis, 'evidence, 'history

c. 上記 a 以外の場合，稀なケースとして，主強勢は語尾から 4 つ目の音節におかれる

'helicopter, 'tele,vision

例外：,ho'tel, ,person'nel

d. 接辞付加

ここでは，**接頭辞**（prefix）や**接尾辞**（suffix）などの接辞が**語幹**（stem）に付加するとき，強勢パタンにどのような影響があるかを見ていく．

接頭辞が語幹に付加されている場合，基本的に，それ自体に主強勢がおかれることはない．主強勢がおかれるのは，対照強勢の必要が生じる場合と（5.4.3 項参照），同じ綴りで複数の品詞をもつ時で名詞や形容詞を表す場合（5.2.1 項 b 参照）である．

(9) 接頭辞が付加された語

1 音節接頭辞

a-: a'way, a'moral　　　　　　dis-: ,disa'gree, dis'honest

en-: en'camp, en'large　　　　in-: ,in'doors, ,incor'rect

mis-: ,mis'rule, ,mis'trust　　　un-: ,un'fair, ,un'comfortable

2 音節接頭辞

hyper-: ,hyper'active, ,hyper'sonic　　inter-: ,inter'act, ,inter'change

semi-: ,semi'conscious, ,semi'final　　super-: ,super'heat, ,super'human

1 音節の接頭辞の一部，及び 2 音節の接頭辞については，第 1 音節に主強勢はおかれなくても第 2 強勢がおかれる特徴がある．このことは，上でも述べた英語の理想的な強弱リズムを生み出すためである．

接尾辞が語幹に付加される場合，強勢パタンには，① 語幹の強勢位置が保持される場合，② 語幹の強勢位置が移動する場合，③ 接尾辞自体が強勢をもつ場合の 3 種があり，それぞれ**強勢中立接尾辞**（stress-neutral suffix），**強勢移動接尾辞**（stress-shifting suffix, stress-affecting suffix），**強勢請負接尾辞**（stress-bearing suffix, stress-attracting suffix；後者は強勢誘因接辞と訳す）と呼ばれている．

(10) 強勢中立接尾辞

-dom: 'freedom, 'kingdom　　　-en: 'thicken, 'widen

-ful: 'cheerful, 'pocketful　　　　-ish: 'childish, 'foolish

-ness: 'foolishness, po'liteness

(11) 強勢移動接尾辞

　A. 主強勢が接尾辞の直前の音節におかれるもの
　-fic: scien'tific, spe'cific
　-ics: mathe'matics, pho'netics
　-ity: fa'tality, hospi'tality
　-ic: al'lergic, e'lectric
　-ion: di'version, ex'pansion

　B. 主強勢が接尾辞の2つ前の音節におかれるもの
　-cide: 'genocide, 'homicide
　-gon: 'hexagon, 'pentagon
　-fy: 'modify, 'satisfy
　-tude: 'attitude, 'solitude

　C. 主強勢が接尾辞の1つ前または2つ前の音節におかれるもの
　-al: uni'versal, geo'logical
　-ide: di'oxide, 'fluoride
　-ive: ex'pensive, com'petitive
　-ar: fa'miliar, 'singular
　-is: sy'nopsis, 'emphasis
　-ous: tre'mendous, har'monious

(12) 強勢請負接尾辞
　-ade: block'cade, ginge'rade
　-ese: officia'lese, Japa'nese
　-eer: engi'neer, volun'teer
　-esque: garde'nesque, pictu'resque

5.2.2　複合語の強勢

語の中には，2つ以上の語が一組となり一語として機能するものがある．

(13)　a. Look at that black board.
　　　b. Look at that blackboard.

(13a) の場合，black board は形容詞 black が名詞 board を修飾する名詞句で，「黒い板」という意味であるのに対し，(13b) の場合，blackboard は「黒板」という意味をもつ一名詞として機能している．こうした (13b) に見られるような語を**複合語**（compound word）と呼んでいる．

(13) の例文に見られる意味の違いは語の綴りから明らかだが，音声的にはどちらの場合も分節音としては同じ並びになっている．

(14)　a. Look at that / blæk bɔːrd /.
　　　b. Look at that / blækbɔːrd /.

だとすれば，音声的にこの2文の意味の違いを表すことができないかというと決してそうではない．この2文の音声的な違いは強勢パタンの違いとなって現れる．つまり，(14a) の文では /bɔːrd/ がより強い強勢をもち，(14b) の文では /blæk/ がより強い強勢をもって発音されるのである．(14a) のように2つ目の要

素に卓立をおくパタンを**後方強勢**（late stress），(14b) のように1つ目の要素に卓立をおくパタンを**前方強勢**（early stress）と呼ぶ．原則的に，句の強勢パタンは後方強勢，複合語の強勢パタンは前方強勢になる．

しかし，複合語の強勢パタンには例外がかなりたくさん存在する．以下に，クラトゥンデン（Cruttenden 2008）やウェルズ（Wells 2008）の分類に従い，複合語の強勢パタンを示しておく．

(15) 複合名詞（全複合語の約90%を占める）

　A-1. 名詞＋名詞の型式をとる複合語：前方強勢
　　ˈbank account, ˈbirthplace, comˈputer virus, ˈcrime rate, ˈdrug addict
　　ˈguidebook, ˈlaptop, ˈpressure group, ˈseaside

　A-2. 名詞＋名詞の型式をとる複合語：後方強勢
　　このパタンを擁する複合名詞は，いくつかの共通点が見出せる．
　1．第1要素が材料／場所／時を表す場合
　　ˌapple ˈpie, ˌbrick ˈwall, ˌchocolate ˈbiscuit, ˌfeather ˈpillow
　　ˌfruit ˈsalad, ˌcity ˈcenter, ˌkitchen ˈwindow, ˌChristmas ˈpudding
　　ˌevening ˈmeal
　　ただし，第2要素が juice, cake, water などの場合，前方強勢となる．
　　ˈorange juice, ˈchocolate cake, ˈrose water
　　また，同じ Christmas が使われていても，ˈChristmas card, ˈChristmas present などは前方強勢となる．
　2．人名
　　ˌJames ˈBond, ˌSherlock ˈHolmes, ˌLady ˈGaga
　3．道の名前
　　ˌPark ˈAvenue, ˌMadison ˈSquare, ˌLondon ˈRoad
　　ただし，Street や High が使われる場合は前方強勢となる．
　　ˈBaker Street, ˈHigh Road
　4．省略語
　　ˌCˈD, ˌTˈV, ˌMIˈT, ˌUCˈLA

　B-1. 形容詞＋名詞，名詞＋動詞，動詞＋名詞，名詞＋動名詞，動名詞＋名詞の
　　　　型式：前方強勢
　　ˈbatting average, ˈboardsailing, ˈbull's eye, ˈfaintheart, ˈjob sharing
　　ˈlandfill, ˈpay cut, ˈpickpocket, ˈsearchparty

　B-2. 形容詞＋名詞，名詞＋動詞，動詞＋名詞，名詞＋動名詞，動名詞＋名詞の
　　　　型式：後方強勢

ˌalternating ˈcurrent, ˌblack eˈconomy, ˌcompact ˈdisc, ˌflying ˈsaucer inˌsider ˈdealing, ˌliving ˈmemory

(16) 複合形容詞

A-1. 前方強勢

ˈbloodthirsty, ˈcarefree, ˈheadstrong, ˈladylike, ˈseasick, ˈtrustworthy

A-2. 後方強勢

ˌdeep-ˈseated, ˌeasy-ˈgoing, ˌstone ˈdead, ˌtax-ˈfree, ˌtight-ˈknit ˌuser-ˈfriendly

(17) 複合動詞

A-1. 前方強勢

ˈbabysit, ˈbackbite, ˈbadmouth, ˈheadhunt, ˈsidestep, ˈwheelclamp

A-2. 後方強勢

ˌbackˈfire, ˌoutˈnumber, ˌoutˈwit, ˌoverˈsleep, ˌunderˈgo

複合形容詞や複合動詞は，数の上では圧倒的に少ないうえ，強勢パタンも前方強勢と後方強勢の割合は半々くらいであるといわれている．

5.3 文 強 勢

5.3.1 文レベルにおける強勢の有無

5.1 節において，音節数にかかわりなく1つ1つの語には強勢があると述べた．このことはあくまで語のレベルで見られる事実だが，本節では強勢が文のレベルでどのような振る舞いをするのかを検証する．

(18) This is the house that Jack built.

この文は，すべて1音節語で構成されている．どの語にも強勢はあるのだから，この文を読めばそれぞれの語は強勢が付与されて発音されるはずである．しかし，英語のネイティブスピーカーの発音はそうはならない．実際に強勢がおかれる語は this, house, Jack, built の4つだけで，残りの is, the, that の3語には強勢がおかれることはないのが普通である．強勢のおかれる語を大文字で表すと，

(19) THIS is the HOUSE that JACK BUILT.

となる．つまり，英語の文は強勢をもつ語ともたない語が混在しているのである．そして，どの語に強勢をおく／おかないのかはまったく恣意的に行われるのではなく，1つの原則に従っている．

5.3.2 内容語と機能語

いうまでもなく,文が発話される目的はなんらかの情報を伝達することである.「情報」という観点で語を観察すると,情報量や意味内容が十分なものとそうでないものが存在することに気づく.例えば,car という語を耳にしたら,われわれは「4輪で走る乗り物」を思い浮かべるだろうし,eat と聞けば「食べる」という行為だとすぐにわかる.しかし,単に in という一語のみを耳にしたとき,「～の中に」という意味は想定できても,「何」の中なのかはわからないし,him とだけ聞いてもそれが男性であるとはわかっても実際に「誰」なのかは特定できない可能性がある.

このように,情報として十分な語,不十分な語をそれぞれ**内容語**（content word）,**機能語**（function word）と呼ぶ.英語の品詞をもとに分けると,主だった内容語と機能語は以下のとおりである.

(20) 内容語
　　　名詞,動詞,形容詞,副詞,指示代名詞,感嘆詞,否定詞
　　機能語
　　　冠詞,助動詞,be 動詞,前置詞,人称代名詞,接続詞,関係代名詞／副詞

この内容語／機能語という分類をもとに (18) の文を再吟味すると,強勢がおかれる this, house, Jack, built の4語は内容語に属し,強勢がおかれない is, the, that の3語は機能語に属することがわかる.つまり,文のレベルにおいて強勢は内容語には付与されているが,機能語には付与されていないのである.これが文レベルにおける強勢付与の原則である.

5.3.3 強形と弱形

もし文中のすべての語に強勢がおかれるのだとしたら,(18) の文は,(21) のように発音されるはずだが,ネイティブスピーカーの発音は (22) のようになるのが普通である.

(21) This is the house that Jack built.　(22) This is the house that Jack built.
　　　/ðɪs ɪz ðiː haʊs ðæt dʒæk bɪlt/　　　/ðɪs ɪz ðə haʊs ðət dʒæk bɪlt/

文レベルでは強勢をもつことのない the, that の発音が (21) の場合と違っていることに注目してほしい(is については (21) と同じ表記にしているが,(22) における場合は (21) に比べ,より短く・弱い発音となる).こうした発音は**弱形**（weak form）と呼ばれ,強勢を伴って発音される**強形**（strong form）とは区別さ

れる．5.3.2 項で扱った機能語のうち，特に 1 音節からなるものは，強形と弱形の両パタンを有しており，強勢の有無によって使い分けられている．

以下，品詞別に強形と弱形の両方をもつ語を挙げておく（各例の左側は強形，右側は弱形を表す）．

(23) 機能語の強形／弱形

冠詞
a: /eɪ/ 　/ə/ 　　　　　　an: /æn/ 　/ən, n/
the: /ði:/ 　/ði, ðə/

助動詞
can: /kæn/ 　/kən/ 　　　could: /kʊd/ 　/kəd/
must: /mʌst/ 　/məst/ 　　shall: /ʃæl/ 　/ʃəl, ʃl/
should: /ʃʊd/ 　/ʃəd/ 　　will: /wɪl/ 　/wəl, əl/
would: /wʊd/ 　/wəd, əd/

be 動詞
am: /æm/ 　/əm, m/ 　　　was: /wɑ:z/ 　/wəz/
are: /ɑ:r/ 　/ər/ 　　　　were: /wɜ:r/ 　/wər/
is: /ɪz/ 　/z, s/ 　　　　been: /bi:n/ 　/bɪn/

前置詞
at: /æt/ 　/ət/ 　　　　　for: /fɔ:r/ 　/fər/
from: /frʌm, frɑ:m/ 　/frəm/ 　to: /tu:/ 　/tə/
upon: /əˈpɑ:n, əˈpɔ:n/ 　/əpən/

人称代名詞
my: /maɪ/ 　/mi, mə/ 　　　me: /mi:/ 　/mi, mɪ/
you: /ju:/ 　/jʊ, ju/ 　　　your: /jʊər/ 　/jər/
he: /hi:/ 　/hi, hɪ, i, ɪ/ 　his: /hɪz/ 　/ɪz/
him: /hɪm/ 　/ɪm/ 　　　　she: /ʃi:/ 　/ʃi/
her: /hɜ:r/ 　/hər, ə:r/ 　　we: /wi:/ 　/wi/
our: /ˈaʊər/ 　/ɑ:r/ 　　　us: /ʌs/ 　/əs/
they: /ðeɪ/ 　/ðe/ 　　　　their: /ðeər/ 　/ðer/
them: /ðem/ 　/ðəm, əm, m/

接続詞
and: /ænd/ 　/ənd, nd, ən, n/ 　as: /æz/ 　/əz/
but: /bʌt/ 　/bət/ 　　　　or: /ɔ:r/ 　/ər/
than: /ðæn/ 　/ðən, ðn/ 　　that: /ðæt/ 　/ðət/

関係代名詞／副詞
　　who: /huː/　　/hu, u/　　　whose: /huːz/　　/huz, uz/
　　whom: /huːm/　/hum, um/　　that: /ðæt/　　/ðət/

日常会話において文中の特定の語が強調／対比されるのは，されない場合より頻度は低いはずだから，全体的に見ると弱形としての発音頻度の方がずっと高い．ウェルズ（Wells 2008）が指摘しているように，強形と弱形の区別が適切になされないと，話者本人の意図したこととは違う意味が生じることにもなるので，われわれ日本人学習者はこのことを十分に注意する必要がある．

5.3.4　英語のリズム

文レベルにおける強勢の振る舞いにはさらにもう1つの特徴がある．それは，文レベルで生じる強勢は時間的にほぼ等間隔に現れるという特徴である．つまり，(19) の例文の大文字で示された4語 THIS, HOUSE, JACK, BUILT が等間隔に配置されるのである．

(24)　| THIS is the | HOUSE that | JACK | BUILT |．

(24) に示されている，強勢から次の強勢の直前までの，縦線で区切られたそれぞれの固まりを**脚**（foot）と呼ぶのだが，英語はそれぞれの脚の発音に要する時間がほぼ同じになる傾向をもつといわれている．それぞれの脚の長さが同じだとしたら，この文の第1脚は3音節，第3及び4脚にはそれぞれ1音節しか含まれていないから，第1脚は速く，第3, 4脚はゆっくりと発音されなければならないことになる．

この強勢が文レベルで等間隔に配置される音声的な特徴を**強勢拍リズム**（stress-timed rhythm）と呼ぶ．英語の強勢は，語レベルでは特定の音節に卓立を与えているが，文レベルでは等間隔に配置される刺激，すなわち「拍」として具現されるのである．その意味において，英語の強勢は「リズム拍を生み出す可能性をもった音節に与えられた特性である」といって差し支えない．

強勢から次の強勢までをひとまとめにして一脚が構成されるということは，脚と語の境界が一致するとは限らないということを意味している．

(25)　a. Jack wanted to study English.
　　　b. Jack wanted to study biology.

(25) の2文はどちらも内容語が4つ含まれているから，それぞれ4脚で構成される．そのとき，第3脚の始まりは両文とも study からになるが，末端は同じには

(26) a. | Jack | wanted to | study | English. |
     b. | Jack | wanted to | study bi | ology. |

脚の始まりは強勢音節となるから，第1音節に強勢をもつ English は脚の始まりとなりうるが，bi'ology は第2音節に強勢をもっているので第1音節が脚の始まりにはなりえない．当然，脚の始まりは第2音節となるので，脚の境界は語中に位置せざるをえない．よって，(26a) の study より (26b) の study の方が速く発音されなければ，**等時間隔性**（isochronism）は維持できないことになる．

5.3.5 日本語のリズム

本項では，英語のリズムが強勢によって構築されるのに対し，日本語のリズム構築には別のメカニズムが作用していることを見ておこう．

「帰途」と「生糸」はどちらも同じ分節音から成り立っているが，われわれはこの2つを区別している．同じように，「古歌」と「国家」も分節音的には同じだが，われわれはこの2つも区別している．この区別を成り立たせている要素は何かというと，それぞれのことばの「音の数」による違いである．「帰途」は音が2つ，「生糸」は3つ，「古歌」は2つ，「国家」は3つとわれわれは音数を数えており，それぞれのペアの違いはそこにある．すなわち，モーラ数の違いがそれぞれのペアの意味の違いを生み出している．そして結論的にいうと，われわれは1つ1つのモーラの長さを等しくして発話をしているのである．

こうした日本語がもつリズム特性を，**モーラ拍リズム**（mora-timed rhythm）と呼んでいる．

(27) a. THIS is the HOUSE that JACK BUILT.
        ○ ● ●   ○   ● ○   ○
     b. これはジャックがたてたいえだ
        ◆◆◆◆◆◆◆◆◆◆◆◆

英語の場合，各脚が等しい長さをもつから，長い音節と短い音節が混在している．一方，日本語の場合，各モーラが等しくなる．こうした音声的な特徴をとらえて，英語はモールス信号のリズムを，日本語はマシンガンのリズムをもつと表現されることがある．

5.3.6 休止とリズム

　英語のリズムは，脚というリズム単位が等分に繰り返される強勢拍リズムであることは上で述べた．このことが意味するのは，もし脚という単位が成り立たなければ，強勢拍リズムは成り立たないということである．実際の英語の発話には，一見すると脚を構成し得ない部分が多数存在する．

　(28) This is the house that Jack built. It is painted in blue.

　この例の第1文は，すでに見てきたとおり4脚からなる．しかし第2文に使われている内容語は painted と blue の2つだけで，文頭は内容語で始まってはいない．以下に示すとおり，painted 以降は2脚存在することになるが，文頭の2語は機能語であるため強勢をもたず，脚を構成できない部分となる．

　(29) It is | painted in | blue. |

　この文頭の2語は，いわば脚からはみ出した部分で，**行首余剰音**（anacrusis）と呼ばれている．行首余剰音の存在は，英語が強勢拍リズムをもつことの反例となりそうに思えるが，実はそうではない．(28) の第1文と第2文の間には文境界があるから，そこには**休止**（pause）が挿入されるのが普通だが，この休止と無強勢音節が合わさることにより脚が構成されるのである．

　そこで，まず，発話に挿入される休止の機能について見ておこう．クリスタルら（Crystal 1969, Crystal and Davy 1975）によると，休止には文法構造の切れ目を聞き手に示す機能があるという．彼等は，句の切れ目に生じる休止を**短時休止**（brief pause），文の切れ目に生じる休止を**単位休止**（unit pause）と名づけ，これら2種類の休止の間には「0.5：1」という長さの関係があると主張している．

　基本的に，短時休止はコンマがおかれている箇所に生じ，単位休止はピリオドがおかれている箇所に生じるものであり，日本語における読点と句点に相当するものと考えて差し支えない．しかし，福島（Fukushima 1987）の調査結果によると，短時休止と単位休止の比の関係は必ずしも「0.5：1」にはなっておらず，両休止の長さには明確な差が見られない．この事実は，休止の挿入は必ずしも文法構造の違いを示すためとは言い切れないことを示している．

　一方，休止の機能に関して，アバクロンビー（Abercrombie 1971）はクリスタルらとは異なる捉え方をしている．休止は，すべてではないにしても，本来無音部分だが，この無音状態の時でさえ強勢の付与は可能であると彼は主張する．その根拠として，ラディフォギッド（Ladefoged 1967）の実験報告にある，話者が

特定の音節に強勢を付与する際，音声器官の運動の中に内肋間筋の収縮が含まれることを取り上げている．つまり，強勢は音声的な強さ・高さ・長さと結びつくものとせず，「呼吸にかかわる筋肉の活動」であると捉えるのである．この考え方に従うと，(29) は音を伴わない強勢が生じたあとに続いて無強勢音節が発話されることになる．

(30) | ∧ It is | painted in | blue | .　　　　　　　（∧は音を伴わない強勢を表す）

音を伴わないにしても文頭に強勢があると仮定すれば，この文の第1脚も強勢で始まることになり，文全体として3脚から構成されることになるわけである．

さらに，この無音部分の長さはでたらめに配置されるのではなく，各脚が等分になるように調整されている．つまり，この休止はリズムを整えるために機能しているのである．

(31) a. Mary visited the museum. | ⟵⟶ She | liked it. |
　　　b. Mary visited the museum. | ⟵⟶ It was a | sunny | day. |

(31a) と (31b) の第2文を比較すると，(31a) は文頭に無強勢音節が1つ，(31b) は3つが含まれている．無強勢音節の数が少なければ休止は長くなり，逆に多ければ短くてすむことになる．つまり，文境界に生じる休止は固有の長さをもつわけではなく，文頭の無強勢音節数に左右されるのである．無強勢音節数によって休止の長さは調節されるのだから，上で見た短時休止や単位休止の長さが一定していないのは当然のことなのである．

アバクロンビーは，このように脚の一部を構成する休止を**無音強勢**（silent stress）と呼んでいる．この無音強勢の存在を認めれば，行首余剰音と一体となり脚を構成できることになる．

5.4　強勢にかかわる事実

5.3節において，英語の強勢はリズム拍を生み出す機能をもつこと，そしてそのリズムは「強弱」のパタンが好まれる傾向にあることを述べた．本節では，そうした英語のリズム原理がどのような音現象を生み出すのかを見ていく．

5.4.1　強勢衝突と強勢降格

文レベルで生じる強勢は，基本的に内容語におかれる．語の並び方の可能性と

して，内容語が連続して生じることは頻繁に起こる．

(32) a. There were eighteen machines.
    b. There were eighteen cowboys.

(32a) では eighteen machines, (32b) では eighteen cowboys の名詞句において，内容語が隣り合っている．どちらの名詞句も eighteen が2音節語を修飾しているという共通点があるが，強勢パタンは同じではない．

(33) a. eighteen machines   b. eighteen cowboys
    ○ ◯ ● ◯   ◯ ○ ○ ●

(◯は主強勢を，○は第2強勢を，●は無強勢を表す)

両者の違いは，(33b) では2つ目と3つ目の音節とも主強勢音節がおかれていることである．このように主強勢が連続した音節に現れることを**強勢衝突** (stress clash) と呼んでいる．このような英語の理想的なリズムに反した「強強」というパタンが生じる場合，英語のネイティブスピーカーはそれを回避する手だてを講じることが一般的である．

(34) eighteen cowboys   eighteen cowboys
    ○ ◯ ◯ ● → ◯ ● ◯ ●

(34) に示したとおり，衝突を起こしている2つの音節のうち1つ目の音節の強勢を弱めることによって衝突を回避し，「強弱」パタンを構築するという手だてがとられる．言い換えると，強勢衝突は**強勢降格** (stress shift) によって回避されるのである．

ここで注意を要するのは，強勢降格が生じるのは強勢衝突が生じるときのみではないことである．(35) に示すように，後方強勢をもつ複合語の直後が，第1音節に強勢をもつ語になる場合にも強勢降格が生じる．

(35) bad-tempered teacher   bad-tempered teacher
    ○ ◯ ● ◯ ● → ◯ ● ● ◯ ●
    heavy-handed sentence   heavy-handed sentence
    ○ ● ◯ ● ◯ ● → ◯ ● ● ● ◯ ●
                                            (Roach 1991)

また，(36) が示すとおり，複合語ではない語の直後に，強勢を第1音節にもつ語がくる場合にも強勢降格が生じることがある．

(36) fundamental problem   fundamental problem
    ○ ● ◯ ● ◯ ● → ◯ ● ● ● ◯ ●
                                            (Wells 2008)

これらの例のような強勢降格が生じるのは，純粋な強勢衝突のみならず，近接

する音節間で強勢が生じるのをネイティブスピーカーが嫌う傾向にあることを示している．このことを別の観点でとらえるなら，次のように考えても差し支えはない．本節で示した例はすべて名詞句である．「句」という文法単位にふさわしい強勢パタンは「弱強」だから，それに見合うよう強勢パタンを調整するのが強勢降格の役割である．

こうした強勢降格が生じる音声環境として，強勢が降格する音節の前方には第2強勢をもつ音節が存在していることに注目しておきたい．つまり，この第2強勢を利用することによって，句の第1要素を弱に，第2要素を強にするパタンが生み出されるのである．

なお，この強勢降格という現象は，発話速度が速まるほど起こりやすい傾向があり，上で見たような音声環境のもとで必ず引き起こされるわけではないようである．

5.4.2 強勢空白と第2強勢

5.4.1項において，英語は近接する音節に強勢がおかれるのを嫌う言語であることを説明した．このことと一見矛盾するようだが，強勢は離れた音節にあればいいかというと実はそうではない．言い換えると，強勢どうしが離れるということは無強勢音節が連続することになるが（**強勢空白**＝stress lapse の状態），この無強勢音節が多数連続して現れる音声環境も英語では嫌われるのである．

4音節以上からなる語の強勢パタンを見てみよう．

（' は主強勢，ˌ は第2強勢，- は音節を表す）

(37) 4音節語

- -ˈ---：reˈmarkable
- -ˈ--ˌ-：eˈnumeˌrate
- ˈ---ˌ-：ˈcriticism
- ˈ---ˌ-：ˈcapitaˌlize
- -ˌ--ˈ-：misˌunderˈstand

ˌ-ˈ---：ˌunˈfortunate
ˌ-ˈ---：ˌphotoˈgraphic
ˈ--ˌ--：ˈeduˌcated
ˌ---ˈ-：ˌaquaˈrine

5音節語

- -ˌ--ˈ---：conˌsiderˈation
- ˌ--ˈ---：ˌsatisˈfactory
- -ˈ----：adˈministrative

ˌ---ˈ--：ˌinterdeˈpendence
ˌ---ˈ--：ˌrehaˈbilitate

6音節語

- -ˌ-ˈ---：imˌpossiˈbility

ˌ---ˈ--：ˌvariaˈbility

|ˌ--ˈ----- : ˌindiˈstinguishable |ˌ----ˈ--- : ˌnationaliˈzation
-|ˌ---ˈ--- : iˌdentifiˈcation

7音節語
|ˌ--ˈ----- : ˌuniˈlateralism |ˌ-ˌ--ˈ--- : ˌunreˌliaˈbility
-|ˌ--ˈ---- : enˌthusiˈastically   -|ˌ----ˈ--- : inˌdustrialiˈzation
-|ˌ---ˈ--- : imˌpenetraˈbility   (Gimson 1980)

上記の例からも明らかだが，無強勢音節の連続は，unilateralism を除いて，最高で3つまでとなっており，それをこえることはない．さらに注目すべき点は，ほとんどの語には第2強勢がおかれていることである．この第2強勢の挿入があることで，無強勢音節の連続を減らし，できる限り「強弱」の理想的な強勢パタンに近づけようとするのである．つまり，強勢空白を回避するために第2強勢が存在するといえる．

5.4.3　対照強勢

発話において対比部分を明確にしたいとき，主強勢の位置が移動する場合がある．

(38) both scienˈtific and unscienˈtific beliefs
　　→ both scienˈtific and ˈunscientific beliefs

上記の句において，scientific と unscientific は反対語の関係にある．意味が反対になっている関係は接頭辞 un- によってもたらされるので，それを強調するために主強勢が移動している．こうした対比のための強勢移動を**対照強勢**(contrastive stress) と呼んでいる．

次の例は対比される2語とも接頭辞をもっている場合である．

(39) Please wait for me inˈside the house, not outˈside.
　　→ a. Please wait for me inˈside the house, not ˈoutside.
　　→ b. Please wait for me ˈinside the house, not ˈoutside.

(39a) においては，上記の例と同じように，後続する対比対象語の接頭辞に主強勢が移動している．これに対して (39b) においては，両語とも接頭辞に主強勢がおかれている．このように語幹が同じで接頭辞だけが違うことで対比が行われる場合，どちらのパタンも可能である．

5.4.4 二拍指向

ウェルズ（Wells 2006）によると，強勢が3つ続く句において真ん中にくる強勢は落とされる傾向にあるという．

(40) 'A 'B 'C → 'A B 'C   'one 'two 'three → 'one two 'three
     the 'big 'bad 'wolf → the 'big bad 'wolf

このような強勢の消失が起こることで，強勢パタンは強と弱が交替に生じることになる．彼はこうした強勢消失を**三連規則**（rule of three）と呼んでいる．

上記の例は強勢衝突を起こしている場合だが，次に示すように衝突がなくても消失が生じる．

(41) ˌPicca'dilly → ˌPiccadilly 'Circus
     ˌKansas 'City → ˌKansas City 'steak
     ˌdoor-to-'door → ˌdoor-to-door de'livery

ここに見られる強勢の消失（降格）は，5.4.1～5.4.3項において解説した強勢パタンの変更が起こるのとメカニズムは同じで，強勢が隣接することを回避するために生じていると考えて差し支えない．ただ，本項では，タイミングという観点でこれらの強勢パタンの変更をとらえるなら，以下のような音声事実が観察できることを指摘しておく．

Piccadillyという語を単独で発音する場合，英語のネイティブスピーカーは，第2強勢と主強勢で2つの強勢があるために2拍分の時間を使う．この語に強勢が1つしかないCircusを加えた句を発音するとき，Piccadilly Circus全体では3拍分の時間が必要になるはずである．しかし彼らの実際の発音は3拍ではなく，2拍となるのが普通である．Piccadillyのみなら2拍が必要だが，Piccadilly CircusにおけるPiccadillyは主強勢が落ちることで時間的に1拍分しか与えられないのである．

1拍分しか与えられないPiccadillyの発音に要する時間は，単独で発音する時に比べて短くなるという結果をもたらすことになる．つまり，強勢消失（降格）が生じると，発話の速度に影響をもたらすことにつながるのだ．

なお，三連規則は文レベルでも観察できる（Wells 2006）．

(42) I 'can't be'lieve you 'mean it. → I 'can't believe you 'mean it.
     They're 'trying to cre'ate a di'version. → They're 'trying to create a di'version.

この場合にも，強勢の消失が生じることで拍数は減るので，文全体として発音に要する時間は，後者のパタンの文の方が短くなる．

次に，少しパタンの違う例を見てみよう．(43) に示した例では，第 2 強勢をもつ語の直前に強い強勢をもつ語が生じている．

(43) ˈeightˌthirˈteen → ˌeight thirˈteen
ˈnotˌfullˈ-grown → ˌnot full-ˈgrown
ˈFridayˌafterˈnoon → ˌFriday afterˈnoon

(Cruttenden 2008. ただし強勢表示は本書に合わせて修正)

3 例とも，第 1 音節に第 2 強勢をもつ語の直前に主強勢のみをもつ語が生じているのだが，その第 2 強勢は無強勢に，句頭の主強勢は第 2 強勢に降格している．このような強勢パタンの再編成が行われることで，句全体としては「弱強」という句にふさわしいパタンが生み出される．つまり，強勢降格は主強勢だけでなく，第 2 強勢にも適用されるのである．

以上，本節では，英語の強勢パタンにかかわる音声事実を見てきた．5.2 節において，英語の強勢位置は語に固有のものであると述べた．しかし，実際の発話に見られる事実はこの限りではなく，強勢は位置を変えたり消失したりしている．その意味において，われわれは英語における強勢パタンの二元性を無視することはできないのである．

より深く勉強したい人のために

- Collins, Beverley and Inger M. Mees（2013）*Practical Phonetics and Phonology: A resource book for students*, Third Edition, Oxon: Routledge.
  音声学の訓練をすることを目的に編まれた単行本．強勢パタンの例が豊富なことに加え，付録の CD を用い，強勢拍リズムの練習が可能である．
- Wells, J. C.（2008）*Longman Pronunciation Dictionary*, Harlow: Pearson Education Limited.
  参考文献にも挙げたが，英米それぞれの発音を掲載した発音辞典である．強勢やリズムに関する術語を含めた約 150 近い音声学用語に関して要領よくまとめられており，非常に有益である．
- Ladefoged, Peter and Keith Johnson（2011）*A Course in Phonetics*, Sixth Edition, Boston, MA: Wadsworth.
  海外の大学・大学院でよく使われている音声学の導入書．本章で扱った無音強勢を含んだ文章が CD に収録されており，必聴である．

演習問題

1. 以下の複合語を，前方強勢をもつものと後方強勢をもつものとに分けなさい．

afternoon tea	breathtaking	busybody
cold war	frozen food	fruit-cake
left-handed	password	peanut butter
picture book	public house	sunburn

2. 下線を引いた語は，主強勢がどの音節におかれるかを指摘しなさい．

   1. A <u>permit</u> is required for fishing in the canal.
   2. We are <u>conducting</u> a survey of consumer attitudes towards organic food.
   3. In another passage, Melville again <u>contrasts</u> the land with the sea.
   4. My ten-year-old son is proud of having made this <u>toy factory</u>.
   5. Her telephone number isn't 5442；it's actually <u>5422</u>.

3. 各文章を脚に分けなさい．

   1. This is the sweater that my grandmother knitted.
   2. She has been always kind to me.
   3. When do you think you can visit us in March?
   4. I want you to read it carefully.

文献

Abercrombie, David（1971）"Some functions of silent stress," In A. J. Aitken, Angus McIntosh and Hermann Palsson（eds.）. *Edinburgh Studies in English and Scots*, London: Longman Group Ltd, 147-156.

Cruttenden, Alan（1997）*Intonation*, Second Edition, Cambridge: Cambridge University Press.

Cruttenden, Alan（2008）*Gimson's Pronunciation of English*, Seventh Edition, London: Hodder Education.

Crystal, David（1969）*Prosodic Systems and Intonation in English*, Cambridge: Cambridge University Press.

Crystal, David and Derek Davy（1975）*Advanced Conversational English*, Essex: Longman Group Limited.

Fudge, Erik（1984）*English Word-Stress*, London: George Allen & Unwin（Publishers）Ltd.

Fukushima, Akitoshi（1987）"On pause in English,"『甲南大学紀要文学編 61 英語学英米文学特集』：13-23.

Gimson, A. C.（1980）*An Introduction to the Pronunciation of English*, Third Edition, London: Edward Arnold（Publishers）Ltd.

Ladefoged, Peter（1967）*Three Areas of Experimental Phonetics*, Oxford: Oxford University Press.

Roach, Peter（1991）*English Phonetics and Phonology: A Practical Course*, Second Edtion, Cambridge: Cambridge University Press.

Wells, J. C.（2006）*English Intonation: An Introduction*, Cambridge: Cambridge University Press.

Wells, J. C.（2008）*Longman Pronunciation Dictionary*, Third Edition, Harlow: Pearson Education Limited.

第6章 イントネーション

中郷　慶

6.1 イントネーションと英語らしさ

　ある日本語の発話が日本語らしく聞こえる，または，ある英語の発話が英語らしく聞こえるのには，いくつかの要因がある．第5章で見たリズムはそのような要因の一つである．本章ではリズムとならんで日本語らしさ，英語らしさに欠かすことのできない要因である**イントネーション**（intonation）を扱う．ここでは，まず，英語のイントネーションについて見ていくことにしよう．

6.1.1　イントネーションと情報
　第5章で述べたように，英語は強勢がほぼ等間隔に現れる強勢拍リズムの言語である．名詞，動詞，形容詞，副詞などの**内容語**（content word）は強く長く発音されるのに対して，前置詞，助動詞，代名詞，冠詞，関係詞，接続詞，be 動詞などの**機能語**（function word）は弱く短く発音される．(1) では，強く長く発音される内容語（音節）を大きな○で，弱く短く発音される機能語（音節）を小さな。で表記してある（強勢（stress）に重要なのは，実際には「強さ」ではなく，「声の高さ」や「長さ」である．強勢が置かれる音節の母音は明瞭で，高く・長く発音される）．

　(1) I went to the market to buy some milk.
　　　 。 ○ 。 。 　○ 。 。 　○ 　。 　○

(1) では，強勢が規則的に現れているものの，このままでは英語らしく聞こえない．より英語らしく聞こえるようにするためには，文の最後に現れる内容語 milk を，他の内容語に比べてより強く，長く，高く発音する必要がある．
　声の高さ，つまり，**ピッチ**（pitch）に相対的な4つの段階を区別し，低い方から高い方に向かって 1, 2, 3, 4 と数字で示すことにし，より強く，長く，高く発音される音節を◎で表記し，(1) のピッチの変化を図示すると (2) のようになる．

(2) I went to the market to buy some milk. ──3
　　　　　　　　　　　　　　　　　　　　　　2
　　○　○　　○　　○　　○　　◎　　　　　1

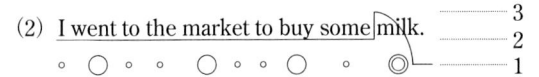

このように，平叙文では文頭から「2-3-1」という声の高さの変化を伴って発音される．2-3-1 の 2 が通常の高さである．4 は驚きや感嘆，皮肉，特別な強調や対比を表す場合にのみ用いられる高さであり，通常は用いられない．この高さの変化が，イントネーションである．イントネーションとは，話し言葉におけるメロディーともいえる．

話し手と聞き手にとって前提となっており共有されている既知の情報のことを**旧情報**（old information）と呼び，聞き手にとって新しい情報のことを**新情報**（new information）と呼ぶ．旧情報は重要度の低い情報であり，新情報は重要度が高い情報である．英語では，重要度が高い情報，つまり**焦点**（focus）となる要素を文末にもってくるという原則があり，これを文末焦点の原則と呼ぶ．

新情報／重要度の高い情報，旧情報／重要度の低い情報という概念を理解するために，'John hit Mary.' という文について考えてみよう．この文が，前提条件のない中立的な文として発せられた時は，(3) のようなイントネーションで発音される．

(3) John hit Mary.　　（平叙文：2-3-1）

(2) で buy some milk と表記したのに対して，(3) で hit Mary としたのは，milk は単音節語であり，1つの音節の中でピッチの変化が起こっているのに対して，2音節語の Mar·y では第 1 音節の Mar· が高く強く発音され，第 2 音節の ·y は低く弱く発音されているからである．次に，'John hit Mary.' という文が，特定の文脈（談話）の中で発せられた場合を見てみよう．文脈によって John hit Mary. のイントネーションが変わることに注意しよう．

(4) A : What did John do?
　　B : John hit Mary.

(5) A : Who hit Mary?
　　B : John hit Mary.

(4) で話者 A と話者 B の前提となっているのは「ジョンが何かをしたこと」であり，A はそれが何であるのかを B に尋ねている．(4B) における John はすでに話

題に上がっている古い情報であるのに対し，hit Mary の部分は A の知らなかった新しい情報である（旧情報に対しては，代名詞を用いることができるので，(4B) の John を He に置き換えて，He hit Mary. としてもよい）．

また，(5) では「誰かがメアリーを殴ったこと」が話者 A と話者 B の前提となっており，A はそれが誰であるかを B に尋ねている．したがって，(5B) のうち，hit Mary の部分は A がすでに知っている古い情報であるのに対し，John の部分は A が知らない，新しい情報である．(4B) と (5B) の情報の新旧は，それぞれ，次のように表記することができる．

(4′) B：John (He) hit Mary.
　　　　旧情報　　新情報

(5′) B：John hit Mary (her).
　　　　新情報　　旧情報

(4B) と (4′ B)，(5B) と (5′ B) を比較すれば，新情報の部分が 3 の高さとなっていることがわかる．

日本人英語学習者にしばしば観察される誤りは，特に前提や文脈がない場合でも，(6) のように発音してしまうことである．もちろん，これは，(7) のようでなくてはならない．

(6) My name is Anna. I live in Boston.

(7) My name is Anna. I live in Boston.

これまで見てきたように，平叙文は 2-3-1 の下降調のイントネーションとなるが，下降調は when, what, where などの疑問詞で始まる wh 疑問文のデフォルト音調（default tone），つまり，特別な場合でなければ用いられる無標（unmarked）の音調でもある．また，yes-no 疑問文は 2-3 の上昇調となる．

(8) What did you eat this morning?　　　(wh 疑問文：2-3-1)

(9) Can you do me a favor?　　　　　　(yes-no 疑問文：2-3)

一般的に，平叙文では文の最後に現れる内容語が，他の内容語に比べ，より強く，長く，高く発音される．しかし，(8) の 3 つの内容語 what, eat, morning のうち，より強く，長く，高く発音されるのは，文の最後に現れる morning ではなく，eat である．これは this morning のような時を表す副詞句は重要な情報とはみなされないためであり，morning に次いで文末に近い位置にある内容語 eat が 3 の高さ

となる．時の副詞については，6.4.2 項で扱う．

この章では，イントネーションがどのような構造をしているか，ピッチがどのように上がりどのように下がるのか，このピッチの変化を用いて話し手がどのような意味を伝えようとしているかを見ていく．つまり，イントネーションの形式と機能を考察する．

6.1.2　イントネーションの形式と意味

音調やイントネーションについて考察する際，単音節の語を扱うのがもっとも理解しやすいので，単音節の yes と no が単独で発話された場合を取り上げよう．ここでは，上昇調，下降調，下降上昇調，上昇下降調，平板調の 5 つの音調を見る．それぞれの音調は，「\」（下降調）や「/」（上昇調）などの記号で表される．

下降調（fall）はもっとも中立的な音調で，最終性（finality）または確信性（definiteness）を表す．ある質問に対して，下降調で \Yes. と答えれば，その質問に対する返答はそれで完了し，他にもう何もいうことがないということを表す．

(10)　A：Do you know what I mean?
　　　B：\Yes.

上昇調（rise）は，何かが後続するという印象を与える音調である．上昇調の /Yes. が生起する典型的な場合は，(11) のような例である．上昇調の /Yes. は，(12) のように相手の発言を促す場合にも用いられる．

(11)　A：（B の注意を引くために話しかけて）Excuse me.
　　　B：/Yes.
(12)　A：I need your help. Can I ask you something?
　　　B：/Yes.

したがって，もし，Have you seen our dog?（うちの犬を見かけなかった？）と聞かれ，上昇調で /No. と答えれば，質問者は「実は昨夜，家を出て行ってしまったようで，行方がわからないの」などと続けるだろうが，下降調で \No. と答えてしまうと，その後の会話は続かないであろう．上昇調は「犬は見かけていないけど，どうかしたの？」と相手の発話を促すのに対して，下降調は「いや，見ていない」と断定的に言い切ってしまう意味合いをもつからである．

下降上昇調（fall-rise）は，限定的な同意（limited agreement）やなんらかの留保（reservation）を含意する．表現されない含意は，通常，but…で始まる節で表される．

(13) A : I heard Bill is a nice guy.
　　　B : ∨Yes.
(14) A : Can you come to the party next Friday?
　　　B : ∨Yes.

このような場面での∨Yes.は，なんらかのためらい，躊躇を表している．(13) では，ビルについてのAの意見に対して，Bが完全には同意していないと解釈される．(14) では，Bがパーティーに行くことをためらっているなんらかの理由があると考えられる．

上昇下降調（rise-fall）は，かなり強い同意，不同意，驚きなどの感情を表すのに使われる．(15B) は「本当においしいね！」，(16B) は「まさか，君を裏切るわけがないじゃないか」を意味する．

(15) A : This wine tastes great!
　　　B : ∧Yes.
(16) A : You wouldn't betray me, would you?
　　　B : ∧No.

平板調（level）は，英語で観察される音調の1つではあるものの，その使用はかなり限定的である．例えば，学校での授業で，教師が名簿の名前を呼んで生徒の出席を取る場合，生徒は _Yes.で返答する．平板調は，無関心，退屈さを表す音調でもある．

平板調は，Sorry.やThank you., See you.などの短い常套句（cliché）が，おざなりに発せられたときにも聞かれるが，実際には，音程の異なる2つの平板調が1つの発話に使われる．例えばSorry.の場合，強勢のある音節 sor- のピッチに比べて，後続する -ry はやや低いピッチとなる．この音調は，少し離れたところから人の名前を呼ぶときの呼びかけ語（vocative）の様式化された（stylized）音調としても用いられる．

(17)　Ma-
　　　　　　ry-

(Ladd 1996: 88)

2音節以上の語では，強勢がおかれる音節が音調を担う．O\K, to/day, ∨possibly のように音調を担う音節に下線を引き，その下線のすぐ左に，音調を表す記号を書く．

6.2 イントネーション句の構造と3つのT

前節ではイントネーションを語レベルで見たが，この節ではイントネーションを文レベルで見ていこう．

(18) Are you happy?

(18) は，通常，途中にポーズを入れずに，一気にいう．このことを，(18) は1つの**イントネーション句** (intonation phrase) をもつという．それぞれのイントネーション句は，必ず，上昇調や下降調などのイントネーションの型をいずれか1つもつ（イントネーション句は，イントネーション群 (intonation group)，調子単位 (tone unit)，調子群 (tone group)，語群 (word group) など，さまざまな名称で呼ばれる）．

イントネーション句には，必ず1つ，音調を担う音節があり，この音節を**主調子音節** (tonic syllable) と呼ぶ（主調子音節は，**核** (nucleus) とも呼ばれる）．主調子音節は，通常，イントネーション句の最後の内容語に現れ，音調の変化，あるいは音調の動きが始まる部分となる．以上のことを (18) にあてはめると，(18) は1つのイントネーション句からなり，強勢がある happy の第1音節 hap· が主調子音節となり，yes-no 疑問文であるために上昇調で読まれるということになる（(18) が下降調で読まれると，「それだけやれば満足したでしょ」という意味を表す）．(18) のイントネーションは (19) のように表記する．主調子音節には，happy のように下線を引き，下線部の直前にその音調を「/」などの記号で表す．

(19) Are you /happy?

多くの場合，イントネーションの構造は文法構造を反映している．つまり，イントネーションの切れ目は，(20) のように句や節などの文法上の境界と一致する．複縦線 [‖] はイントネーション句の境界にポーズを伴うものであり，単縦線 [|] はポーズを伴わないものである（ただし，(20) では，あくまでも一例を示したにすぎない）．また，文をいくつのイントネーション句に分けるかということは，その文をどのようなスピードで話すかということとも関係する．早口で形式張らずに話す場合よりは，ゆっくりと注意深く話す場合の方が，当然，イントネーション句の数は多くなる．

(20) June came ‖ and the hay was almost ready for cutting. ‖ On Mid-summer's Eve, ‖

which was a Saturday, ‖ Mr Jones went into Willingdon | and got so drunk at the Red Lion ‖ that he did not come back till midday on Sunday. ‖

(George Orwell, *Animal Farm*)

また，(21B) のように，主語の名詞が新しい話題や新情報である場合，主語が独立したイントネーション句となることもある．(21B) の My sister は新情報であるために下降調となっているが，(22B) の My sister は旧情報であり下降上昇調が用いられている（新情報に下降調が用いられ，旧情報に下降上昇調（非下降調）が用いられることについては，6.3.4 項を参照のこと）．

(21) A：What happened?
　　 B：My \sister | broke her \arm.
(22) A：What happened to your sister?
　　 B：My ∨sister | broke her \arm.

(21B) や (22B) を，早口で一気にいう場合は，(23) のように文全体が1つのイントネーション句で発せられる．(23) では，sister, broke, arm の3つの語が内容語であるので，本来，いずれの語にも強勢がおかれるはずであるが，broke はいわば「格下げ」されて，強勢がおかれない．(23) の sister に付けられた記号「'」は，その音節に強勢があることを表す．この現象は，**三連規則**（rule of three）として知られている（Wells 2006: 229）．(24a, b) では，それぞれ，3つ列挙された真ん中の要素である B と two が三連規則によって「格下げ」されているし，(24c) では very に強勢がおかれない．三連規則については，5.4.4 項も参照のこと．

(23)　My 'sister broke her \arm.
(24)　a. 'A 'B 'C　　　　　　→　　'A B 'C
　　　b. 'one 'two 'three　　　→　　'one two 'three
　　　c. 'Thank you 'very 'much.　→　'Thank you very 'much.

では，1つのイントネーション句からなる (25) をもとに，イントネーション句の内部構造を見てみよう．(25) では，強勢がある exciting の第2音節が主調子音節となる．あるイントネーション句が，主調子音節の前に強勢を含む場合，その強勢の最初のもの（1つしかない場合はその強勢）を**頭部開始点**（onset）と呼び，頭部開始点から主調子音節の直前の音節までの部分を**頭部**（head）と呼ぶ．頭部開始点の前にある音節すべてが**前頭部**（prehead）である．したがって，定義上，前頭部には強勢のある音節が含まれない．また，主調子音節の直後の音節からイントネーション句の最後までの部分を**尾部**（tail）と呼ぶ．

6.2 イントネーション句の構造と3つのT

(25)

```
              頭部開始点                              主調子音節
              (onset)                               (tonic syllable)
The          'trip       was     'quite     ex    'cit    ing.
```

前頭部　　　　　　　頭部　　　　　　　　　　　　　　　尾部
(prehead)　　　　(head)　　　　　　　　　　　　　　(tail)

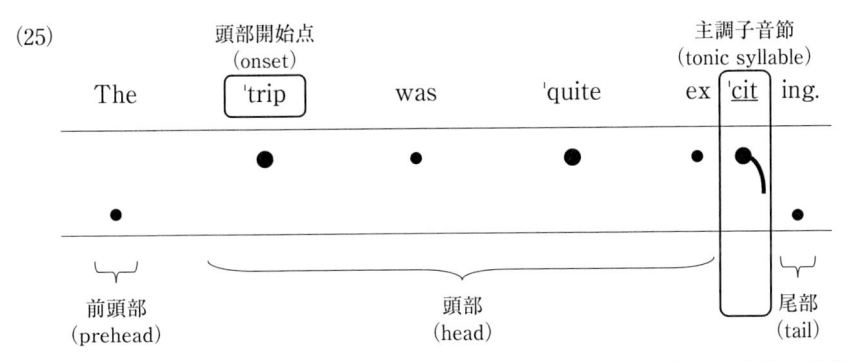

下降上昇調の∨well は (26a) のようなピッチ変化を伴うが，主調子音節に後続する尾部がある場合，下降上昇調のピッチは，(26b) のように「主調子音節＋尾部」全体の中で起こる．(26b) における記号「˙」は主調子音節の後の尾部における内容語がリズム強勢をもっていることを示す．

(26) a.　∨well　　　　b.　I ∨thought you would ˙like it.

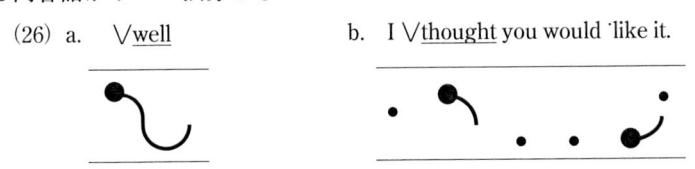

ここで，イントネーション句におけるピッチの変化について，ひとつ注意しておくことがある．多くの研究において，イントネーション句が高いピッチで始まり，その後，徐々にピッチの高さが下降していくのが，英語のもっとも基本的で無標のイントネーションであるといわれている．このようなピッチの下降のことを**自然下降**または**漸次下降**（declination）と呼ぶ．自然下降は音韻構造に関係なく起こる生理的現象で，話者自身にも意識されないことが多く，英語や日本語に限らず世界のすべての言語に起こると考えられている．英語と日本語に見られるその他のピッチ下降については，6.5節も参照のこと．

イントネーション句を考える場合，どこが主調子音節となるかということがもっとも重要である．主調子音節は，通常，イントネーション句の最後の内容語に現れるが，イントネーション句の最後の内容語がすでに文脈に現れている情報，つまり，旧情報である場合，主調子音節はその語にはこない．例えば，(27) が何の文脈もなく唐突に発せられれば，通常，dogs が主調子音節となるが，(28B) では dogs はすでに文脈に出てきている古い情報であるため，主調子音節は adore にくる．(29B) も同様である（(29B) で don't が主調子音節とならないことについて

は，6.4.3 項を参照のこと）．このように，主調子音節の位置は文末から文頭に，つまり，右から左に向かって探していくというのが原則である．

(27) I a'dore \dogs.
(28) A : Don't you like dogs?
    B : I a\dore ˙dogs.
(29) A : What are your plans for the day?
    B : I don't \have any ˙plans.

このように，英語話者は，① 発話をどのようにイントネーション句に分割するか，② 分割したイントネーション句のどこに主調子音節を配置するか，③ その主調子音節にどのような音調を用いるかを決定している．研究者によっては，ハリデー（Halliday 1967）に従い，この 3 つを，それぞれ，① トーナリティ（tonality），② トーニシティ（tonicity），③ トーン（tone）と呼び，その頭文字を取って「**3 つの T**」(three Ts) とすることもある（Tench 1996, Wells 2006）．

6.3 イントネーションの機能

イントネーションの機能として，リー（Lee 1958）は 10 の機能を，ウェルズ（Wells 2006）は 6 つの機能を認めているが，ここでは
　態度的機能（attitudinal function），
　文法的機能（grammatical function），
　焦点化機能（focusing function）（アクセント機能（accentual function）または情報機能（informational function）とも呼ばれる），
　談話機能（discourse function）（結束機能（cohesive function）とも呼ばれる）
の 4 つの機能を見ていく．ただし，これらの機能は重なり合う部分も多く，それぞれの機能の境界は厳密なものではない．

6.3.1 態度的機能

同じ文でも，どのように発せられるかによって，怒っているように聞こえたり，慰めるように聞こえたり，退屈に聞こえたりする．このような違いが出てくる要因は，どのようなイントネーションでその文が発せられているかというところにある．このように，話者の感情や態度を伝える機能を，イントネーションの態度的機能と呼ぶ．態度的機能は，談話機能と重なり合う部分が多い．表 1 はイント

6.3 イントネーションの機能

表1 イントネーションが伝える態度

音調	態度	例
下降調	最終性・確信性	This is the end of my presen\tation. I'm quite \sure.
上昇調	質問 (yes-no 疑問文)	Will you /join me? Are you /ready?
	項目の列挙	We have /tea, /coffee and \orange juice. （最後の項目は通常，下降調となる）
	何かが後続する	I told them to /come. (And they agreed to come.)
	促し (encouraging)	Hel/lo.（電話で「もしもし？」：その後の相手の発言を促す） What's the /time?（「今，何時かなあ」：聞き手が時間を教えてくれることを促す）
	なだめ (soothing)	Don't /worry.（「大丈夫だよ」） Never /mind.（「気にしないで」） ※上昇調には，このように，優しさ，親切，共感を伝える効果がある．
下降上昇調	不確実性・疑い 要求・要望 留保	It V/may be true. Could I V/use it? He said he would V/come. (But he is not here.)
上昇下降調	驚き	It was ex/\pensive. A：Did you know that he has nine brothers and sisters? B：/\Nine!

ネーションが伝える態度をまとめたものである．

この他にも，実際の会話では，どのような声の質を用いるのか，どれほどのピッチの幅，キーの高さ，または早さで発話するかによって，さまざまな態度を伝えることができるが，ここでは，そのような要因については立ち入らない．

6.3.2 文法的機能

(30) は，sadly が wrote を修飾するか，went を修飾するのかによって2通りの意味に解釈される．このあいまい性は，(31) のように異なるイントネーションを用いることによって取り除くことができる．このように，ある発話の中で，どこからどこまでが意味として1つのまとまりをなす範囲であるかを決定する機能を，イントネーションの文法的機能と呼ぶ．

(30) The girl who wrote the letter sadly went into the room.
(31) a. The 'girl who 'wrote the 'letter V/sadly | 'went into the \room.
　　 b. The 'girl who 'wrote the V/letter | 'sadly 'went into the \room.

イントネーションの文法的機能は，関係節の制限用法 (32a) と非制限用法 (32b)

についても見られる．

(32) a. My students who worked hard passed the test.
　　 b. My students, who worked hard, passed the test.

(32a)は話者が担当している学生のうち，一生懸命勉強した学生のみが試験に合格したということで，不合格だった学生もいることを含意している．(32b)は話者の学生全員が一生懸命に勉強し，全員が合格したことを含意している．(32a, b)は，それぞれ，(33a, b)のように発音される．非制限用法は，主として文章体で，通常，関係代名詞の前にコンマをおくことによって示されるが，話し言葉では，(33b)のように関係代名詞の前にポーズがおかれる．

(33) a. My 'students who 'worked ∨hard ｜ 'passed the \test.
　　 b. My ∨students, | who 'worked ∨hard, | 'passed the \test.

付加疑問文には，2通りのイントネーションがある．一般的に，話し手が発話の内容について自信がなく，それについて聞き手に尋ねる場合は，(34a)のように上昇調が用いられる．上昇調で発音される付加疑問文は，純粋に相手に情報を求めるという意味で，意味的には疑問文と同じ機能をもつ．同意するかしないかは聞き手次第である．これに対して，話し手が聞き手に同意や確認を求める場合は，(34b)のように下降調が用いられる．付加疑問文で下降調が用いられれば，話し手は，発話の内容について，聞き手に対して反論することを期待しておらず，同意することを想定していたり，むしろ，強要していたりする．

(34) a. 'This is your \car, | /isn't it?（これ，あなたの車かなあ？（＝あなたの車であるかどうか確信がもてないので確かめたいの．））　　【質問】
　　 b. 'This is your \car, |\isn't it?（これ，あなたの車ですよね？（＝あなたの車であることは間違いありませんよね．））　　【確認・念押し】

付加疑問文におけるイントネーションの機能は，文法的機能というよりはむしろ態度的機能といってもよいものである．

6.3.3 焦点化機能

英語では，通常，イントネーション句の最後に現れる内容語に主調子音節が配置されるが，対比を表すためには，機能語を含むあらゆる語に主調子音節が配置されうる．この節では，文が伝える情報の焦点をどこにおくかというイントネーションの機能，つまり，焦点化機能について見ていこう．

(35a)は通常のイントネーションであるのに対し，(35b)ではveryに焦点がお

かれ，映画が「大変」おもしろかったことを強調している．(36) においては機能語 is が主調子音節となる．これは，「いや，君は暑くないというけど，実際に暑いよ」と相手の発言を打ち消し，暑いことを強調している例である．

(35) a. The 'movie was 'very a\musing.
   b. The 'movie was \very a˙musing.
(36) A：It's hot.
   B：No, it's not.
   A：It \is hot. I'm sweating.

次に (37) を見てみよう．red jacket のような「形容詞＋名詞」の名詞句は，通常，名詞の方が強く読まれ rèd jácket となるが，(37b) では，私が買ったのは青色のジャケットではなく赤いジャケットだという文脈があるために，blue との対比で réd jàcket となっている．

(37) a. I 'bought a 'red \jacket.
   b. (I 'didn't 'buy a \/blue ˙jacket.) I 'bought a \red ˙jacket.

別の言い方をすると，(37b) では jacket は旧情報であるのに対して red は新情報であり，新情報に焦点がおかれているということになる．

6.3.4　談話機能

通常の会話では，話し手と聞き手がいて，さまざまな情報がやりとりされる．6.1.1 項で見たように，やりとりされる情報には，話し手と聞き手にとって既知の情報（旧情報）と，新しい情報（新情報）がある．談話においては，話し手は聞き手に対して，適切なイントネーションを用いることによって，重要な情報・伝えたい情報に注意を向けさせている．これがイントネーションのもつ談話機能である．(38) では，もっとも重要な情報である Ireland に主調子音節がくる．

(38) She 'comes from \Ireland.

次に，(39) の例を考えよう．

(39) a. I've 'got to 'take the \dog for a ˙walk.
   b. I've 'got to 'take the 'dog to the \vet. (Roach 2009: 157)

犬を散歩に連れて出ることは，日常生活においてごく当たり前のことであり，I've got to take the dog の部分から walk（散歩）が現れることは容易に想像できる．すでに見たように，通常，イントネーション句の最後に現れる内容語に主調子音節がくるが，文脈や話者どうしの共通理解として最後の内容語が既知の情報であっ

たり，特に重要度の高い語が他にあったりすれば，文末から文頭にさかのぼって主調子音節がくる語を探す．このため，(39a) では walk ではなく dog が主調子音節となる．これに対して，vet（獣医）の出現は walk ほど予測可能ではなく，(39b) では vet が主調子音節となる．ただし，6.4.1 項で見るように，重要度の高さや情報の新しさという概念では説明できない例もあり，注意が必要である．

　一般的に，1つの発話に2つのイントネーション句がある場合，下降調は主となるイントネーション句に用いられて新情報を表し，非下降調（上昇調と下降上昇調）は従となるイントネーション句に用いられて旧情報を示す．(40) の3つのイントネーション句のうち，はじめの2つは聞き手にとって新しいことではなく，非下降調（下降上昇調）となっているが，最後のイントネーション句では新情報が提示され，下降調となっている．

(40) When I \/first ˈmet you, | ˈback in 199\/5, | I ˈthought you were ˈquite \boring.

また，(41a) で挿入的に用いられている for some reason or other や，(41b) における as far as I know は従属要素であり，非下降調が用いられている．このような従属要素は主となるイントネーション句に比べて低いキーとなり（記号「ˌ」で表す），ピッチ域も狭く，速いスピードで発せられる．

(41) a. My com\/puter, | for ˌsome ˌreason or /other, | ˈdoesn't \start.
　　 b. They are ˈgoing to \Scotland | as ˌfar as I /know.

イントネーションの談話機能についてはブラジル（Brazil *et al.* 1980, Brazil 1994）が詳しい．

6.4　注意を要するイントネーション

これまでにイントネーションの「規則」について見てきたが，「規則」には必ず例外がある．また，日本語母語話者が間違いやすいイントネーションもある．この節では，そのような注意を要するイントネーションについて見ていこう．

6.4.1　出来事文や不都合・異常事態を表す文における主語名詞と名詞優先の原則

　出来事を描写する文で，動詞が自動詞のものを，**出来事文**（event sentence）と呼ぶ．「主語＋動詞」のいわゆる第1文型 (42B) においては，たとえ一見したと

ころ動詞 died が新情報を含んでいたとしても，主調子音節は動詞ではなく，主語名詞 cat にくる．同様に，「主語＋動詞＋補語」の第2文型 (43B) においても，主調子音節は名詞 bus にくる．このように，特に事故・不都合・異常事態・状態の変化を表す出来事文では，名詞に主調子音節がくる傾向がある．(44a〜d) においても，主調子音節はすべて主語名詞にくる．(42)〜(44) のすべての例において，主語が it のように非語彙的な要素であれば，主調子音節は主語 it にこない．

(42) A : You look pale!
　　　 B : Our ˈcat died.　　　　　　　 cf.　It ˈdied.
(43) A : Why didn't you come on time?
　　　 B : The ˈbus was late.　　　　　　cf.　It was ˈlate.
(44) a. There's a ˈcar coming.　　　　　cf.　It's ˈcoming.
　　　 b. The ˈphone is ringing.　　　　　cf.　It's ˈringing.
　　　 c. My ˈroom is messy.　　　　　　cf.　It's ˈmessy.
　　　 d. The ˈtax is going up.　　　　　 cf.　It's going ˈup.

「可能であれば，主調子音節は他の品詞に優先して名詞にくる」という傾向があることを考慮に入れると，(45) の主調子音節の対比を説明することができる．(45a) の work は語彙的な名詞であるために主調子音節となるが，(45b) の things は明確な意味内容をもつ語ではないため，do が主調子音節となる．

(45) a. I have a lot of ˈwork to do.
　　　 b. I have a lot of things to ˈdo.

6.4.2　時の副詞と場所の副詞

一般に，イントネーション句の末尾に現れる「時の副詞」や「場所の副詞」は主調子音節とならず，尾部の一部を構成する（該当する副詞（句）は斜体で表記してある）．

(46) a. Let's ˈgo *now*.
　　　 b. It will be ˈdone *in a minute*.
(47) a. It's ˈcold *in here*.
　　　 b. There's a ˈstranger *at the door*.

これに対し，(48) の「場所の副詞」on the table は省略することができない義務的要素であるので，主調子音節は table にくる．

(48) ˈPut it on the ˈtable.

また，(46a)の「時の副詞」nowや，(47a)の「場所の副詞」in hereなどが副次的情報を伝える場合は，(49)のように独立したイントネーション句を構成し，低上昇調となることがある．さらに，(50a)のように発話されると「(後ではなく)今，行こう」と対比を表すことになるし，(50b)のように「下降調+下降調」で発話されると，「出かけること」と「今」に同程度の重要度があることになる．

(49) a. Let's \go | /now.
　　 b. It's \cold | in /here.
(50) a. Let's go \now.
　　 b. Let's \go | \now.

6.4.3　否定語に関する母語転移

日本語では，「私はパーティーに行かない」のように，否定語「ない」が文末に生起する．このため，しばしば，日本語では文を最後まで聞かないとイエスかノーかわからないといわれる．したがって，日本語母語話者には否定語が特に重要だという意識が働き，そのような心理が英語の否定文にも転移する．このことを，母語 (L1: first language) からの転移と呼ぶ (Wells 2006: 13)．日本語母語話者の多くは，(51)〜(53)の返答における主調子音節は，**母語転移** (L1 transfer) によってdon'tであると考えるが，正しくは，それぞれ，have, want, likeである．

(51) A : Where's your car?
　　 B : I don't \have a car.
(52) A : Have some more tea.
　　 B : I don't \want another cup.
(53) A : Why don't you ask John for help?
　　 B : Because I don't \like him.

6.4.4　機能語に主調子音節がくる事例とイントネーション慣用句

主調子音節はイントネーション句の最後の内容語にくるという原則どおり，(54)ではstayが主調子音節となる．しかし，この原則には例外もあり，(55a〜c)では前置詞withが主調子音節となる．また，短縮されたwh疑問文(56B)では，前置詞toが主調子音節となる．さらに，(57)は特に対比を表しているわけでもない代名詞が主調子音節となっている．

(54) They \stayed with us.

(55) a. 'Bring it \with you. / 'Take it \with you.
   b. 'Come \with me.
   c. I'll 'go \with you.
(56) A：I'll be traveling next week.
   B：'Where \to?
(57) a. 'Follow \me.　　（こっちだよ，付いてきて）
   b. 'Good for \you!　（((話)) やるじゃないか！）

理論的な説明を与えることが難しいイントネーションの例も多い．例えば，(私が気分を害したのは)「彼が言った内容ではなく，彼の言い方なのだ」と話し手の話し方について不満を述べる (58) のような常套句がある．

(58) It's 'not what he \/said, | it's the 'way that he \said it.　　(Wells 2006: 179)

論理的には，繰り返された said が主調子音節となるよりも，what や way に対比的焦点を当てることが予測されるが，実際には，この常套句はそのようには発音されない．このようなイントネーションは理屈では説明することができず，慣用的表現とみなさざるをえない．

6.5　英語と日本語のイントネーション

イントネーションは統語・意味・談話など，音韻以外の要素が複雑に関係していることもあり，これまで本格的な対照研究があまり行われてこなかった．ここでは，日本語のイントネーションの特徴を，これまで見てきた英語のイントネーションと対照的に概観しておこう．

英語と日本語のイントネーションに共通している特徴の1つは，(59)〜(61) のように，平叙文の文末を下げ，疑問文や丁寧な依頼を表す文，聞き返し表現の文末を上げるということである[*1]．また，(62) の英語と日本語の対話からもわかるように，同じ "now" や「いま（今）」であっても，文末で音が上昇すれば疑問となるが，下降となると肯定の応答となるのも，英語と日本語の共通点である．「い'ま（今）」はアクセント核（記号「'」で表す）があり，アクセント核が置かれたモーラとその直後のモーラの間で急激なピッチの下降を伴う起伏型（有核型）の語である．(62a) の「い'ま↗」では，「い」の後でピッチが下降するアクセントを

[*1]　日本語の平叙文の末尾の音調変化についての詳細な議論は郡（2003）を参照のこと．

保持したまま，最後の部分のみが上がることに注意しよう．また，「食べます」に助詞「か」が付加された場合，上昇の「食べますか↗」は疑問となるが，下降の「食べますか↘」は勧誘を表すことにも注意しよう．

(59) a. We visited \Oxford last summer.
  b. 去年の夏，オックスフォードに行きました↘
(60) a. Did you /get it?
  b. わかった↗
(61) a. I wonder if you could /help me.
  b. 手伝っていただけません↗
(62) a. /Now? / いま↗（疑問）
  b. \Now. / いま↘（肯定）

英語と日本語のイントネーションには，相違点も少なくない．すでに見たように，英語ではすべての疑問文の文末が上がるわけではなく，wh 疑問文は下降調が一般的である．wh 疑問文を上昇調でいうと，より優しく，親切に響く．このため，上昇調 wh 疑問文は相手を思いやったり，聞き返したりする場面などで用いられる．これに対して，日本語では，文末でピッチを上げるのが一般的で，英語のような特別な意味合いは含まれない．

(63) a. When did you arrive?
  b. いつ着いたの？

日本語と英語で共通して見られるピッチの下降として，6.2節で言及した自然下降が言語的要素と関係しない生理的現象だったのに対して，**ダウンステップ**（downstep）または**カタセシス**（catathesis）と呼ばれる階段式下降は，言語構造に依存し，日本語でも英語でも急激なピッチ下降となって現れる．

日本語のダウンステップは語アクセントと相関がある．「あお'い（青い）」や「そ'ら（空）」のような起伏型の語のピッチ下降は，後続する語句を低いピッチ領域に実現させる．例えば，「あお'いそ'ら（青い空）」では，後続する「そら」は低いピッチ領域に実現する．(64) の例を見てみよう．アクセント核がなくピッチの急激な下降を伴わない平板型（無核型）の語句が連続する (64a) では，自然下降による緩やかなピッチ下降となるのに対して，起伏型の語句が連続する (64b) では，アクセント核の数に比例してピッチが落ちる．この結果，(64a) の最終要素に比べて，(64b) の最終要素はきわめて低いピッチレベルに実現する．このように，日本語のダウンステップは，特定の語アクセント型によって引き起こされる．

(64) a. アメリカの人口はイギリスの人口のおよそ二倍だ．
　　 b. 中国の総人口はインドの総人口の約四倍だそうだ．　　(窪薗 1995: 41, 44)

これに対して，英語のダウンステップは話者の発話意図や談話構造に大きく関係している．(65) は，いずれも，強調の響きを帯びたダウンステップの例である．(65a) と (65b) の違いは，ダウンステップが主調子音節まで及んでいるかどうかである．

(65) a. I don't like drinking too much whisky　　b. I don't like drinking too much whisky

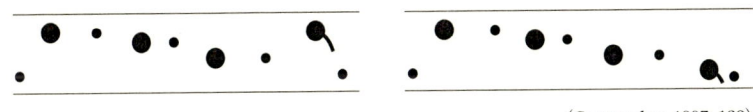

(Cruttenden 1997: 122)

6.3.3 項ではイントネーションの焦点化機能を取り上げた．英語では，通常，焦点となった主調子音節の直後にピッチが急激に下がり，尾部は低いピッチレベルに実現する．

日本語の語彙の半数はピッチの急激な下降を伴わない平板型の語であるため，日本語の文は英語の文に比べてピッチの変動が少ない．ピッチの変動が比較的豊かなのは，(64b) のように起伏型の語を多く含む文であることから，日本語のイントネーションは語のアクセント構造によって決定されるのに対し，英語のイントネーションは談話構造が大きく関係しているということができる．

6.6 まとめ

英語のネイティブスピーカーは，英語学習者の母音や子音など，個々の音の発音に関しては寛容であるが，イントネーションの誤りについてはそうではないという見解もある．これは，英語母語話者の側に，イントネーションについて，英語学習者は（母音や子音の発音と同様に）間違いを起こしてしまうという認識がないことによるのであろう．

日本語は「～だ」「～ね」「～だろ」「～でしょ」のような終助詞が豊かで，終助詞によって，聞き手に対して同意を求めたり，確認をしたり，強く主張をしたりするなど，聞き手に対する働きかけの気持ちを表すことができる．このため，イントネーションに頼らなくても所期の目的を達成することができるが，英語にはこのような手段がないため，イントネーションへの依存度は必然的に高くなる．

イントネーションは英語のコミュニケーションにおいて，非常に重要な役割を果たしており，「字義どおりの意味」以上のものを伝える場合も多いし，英文をどのようなイントネーションで読むかによって，異なる意味を伝えてしまうこともある．イントネーションの重要性については，いくら強調しても強調しすぎることはない．

より深く勉強したい人のために

- 渡辺和幸（1994）『英語イントネーション論』研究社出版．
  イギリス・アメリカ・カナダ・オーストラリアの映画，テレビやラジオの番組，小説や詩の朗読など，著者自身が収集した豊富な音声資料を使って英語のイントネーションの実体が明快に示されている．
- Gussenhoven, Carlos（2004）*The Phonology of Tone and Intonation*, Cambridge: Cambridge University Press.
  上級向け．
- Ladd, D. Robert（1996, 2008[2]）*Intonational Phonology*, Cambridge: Cambridge University Press.
  上級向け．
- Roach, Peter（2009）*English Phonetics and Phonology: A Practical Course*, Fourth Edition, Cambridge: Cambridge University Press.
  英語音声学・音韻論の入門書．全20章のうち5章がイントネーションに割かれており，イントネーションについての基礎的知識を体系的に学ぶことができる．CD付属．
- Wells, John C.（2006）*English Intonation: An Introduction*, Cambridge: Cambridge University Press.（長瀬慶來（監訳）（2009）『英語のイントネーション』研究社．）
  英語の複雑なイントネーション体系の全体像を，多くの具体例とともに明確に提示している．練習問題も豊富．CD付属．日本語版あり．

演習問題

1. 次の（i）～（iv）の発話の意味の違いを考察しなさい．
   （i）The food was very \good.
   （ii）The food was \very good.
   （iii）The food \was very good.
   （iv）The \food was very good

2. 次の（i）～（iv）のAの発話に対して，（　　）内で示された意図でBが発話をするときの適切なイントネーションを考察しなさい．

(ⅰ) A： I forgot to bring my passport with me.
　　 B1：You're silly.（事実を述べて）
　　 B2：That's OK.（相手をなだめて）
(ⅱ) A： The show starts at ten past six.
　　 B： No. Ten to six.（相手の発言を訂正して）
(ⅲ) A： What times are the trains?
　　 B： Nine o'clock, nine thirty, and ten.（リストを述べて）
(ⅳ) A： I wonder if you could help me after dinner.
　　 B： I have to do the dishes.（皿洗いのほかにもやることがあり，Aの手伝いができないと言って）

3. I like chocolate. という文が，次のような文脈で読まれるときに，どのようなイントネーションとなるかを考察しなさい.
　　 A： I've got some chocolate here.
　　 B1：Oh dear. I like chocolate, but I'm on a diet.
　　 B2：Oh good. I like chocolate. Pass it over.

(O'Connor and Arnold 1973: 83, Wells 2006: 82)

文　献

窪薗晴夫（1995）『語形成と音韻構造（日英語対照研究シリーズ第3巻）』くろしお出版.

郡　史郎（2003）「イントネーション」北原保雄（監）上野善道（編）『音声・音韻（朝倉日本語講座第3巻）』朝倉書店.

Bolinger, Dwight（1986）*Intonation and its Parts: Melody in Spoken English*, London: Edward Arnold.

Brazil, David（1994）*Pronunciation for Advanced Learners of English*, Cambridge: Cambridge University Press.

Brazil, David, Malcolm Coulthard, and Catherine Johns（1980）*Discourse Intonation and Language Teaching*, London: Longman.

Cruttenden, Alan（1997）*Intonation*, Second Edition, Cambridge: Cambridge University Press.

Halliday, Michael A. K.（1967）*Intonation and Grammar in British English*, The Hague: Mouton.

Ladd, D. Robert（1996）*Intonational Phonology*, Cambridge: Cambridge University Press.

Lee, William R.（1958）*English Intonation: A New Approach*, Amsterdam: North Holland.

O'Connor, Joseph D. and Gordon F. Arnold（1973）*Intonation of Colloquial English: A Practical Handbook*, Second Edition, London: Longman.

Roach, Peter（2009）*English Phonetics and Phonology: A Practical Course*, Fourth Edition, Cambridge: Cambridge University Press.

Tench, Paul（1996）*The Intonation Systems of English*, London: Cassell.

Wells, John C. (2006) *English Intonation: An Introduction*, Cambridge: Cambridge University Press.（長瀬慶來（監訳）(2009)『英語のイントネーション』研究社．）

第7章 音響音声学

平山真奈美

話者の音声は圧として空気中を伝わって聞き手の鼓膜に届く．本章ではまず音声の物理的性質を概観し（7.1, 7.2節），次に分節音及び超分節の音響的特徴を見る（7.3節）．

7.1 音声の物理的性質：音波

圧が空気中を伝わるとはどういうことか，音叉を例にとってみる．音叉を鳴らすと，近くの空気分子が動かされ，振り子のように基点を軸に行ったり来たりする．このような往復運動を一般的に**振動**（vibration, oscillation）といい，運動が始まってから元の地点に帰ってくるまでを振動の**1サイクル**（cycle）という．

動いた空気の分子は隣の分子に近づき，両者の距離が縮まって圧が高くなると近づかれた方の分子が押し動かされる．この分子はそれ自身振動し，さらに隣の分子を押しやる．音源からこのように空気分子を媒体として圧力が**伝播し**（propagate）ていく．この空気圧の伝播が**音波**（sound waves）であり，これは言語音声のみならず音が空気中を伝わる一般的なメカニズムである．

音波における圧力，すなわち音圧，の変化を測定したものを**波形**（waveform）と呼ぶ．時間をx軸，音圧の大きさをy軸にとって音叉の例を見ると，図1のような波形が得られる．音叉の音波は**正弦波**（sine or sinusoidal wave）を描くのがわかる．

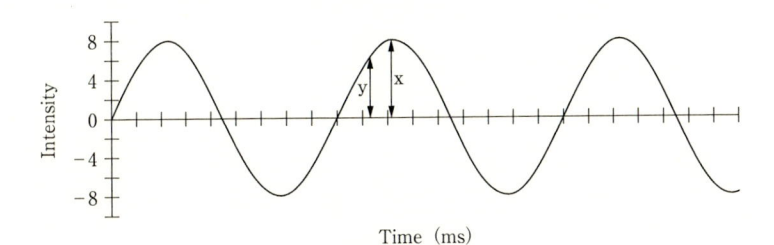

図1　正弦波

言語音に重要な音波の性質が3つある．1つは音圧の大きさ（intensity）で**振幅**（amplitude）と呼ぶ．ある音波の振幅は圧変動のうち，0 から最大に離れた地点で計る．例えば図1の音波の振幅は，（y ではなく）x である．振幅は人間の知覚する音声の大きさ（loudness）と関連しているが，物理量としての圧の大きさと，音が人間の耳にどれくらい強く聞こえるかという心理量の関係は複雑で，振幅の増減の幅が「聞こえ」の幅と必ずしも一致しない．このため，人間の聞こえを反映させた相対尺度として，**デシベル**（dB）が広く用いられている．0 dB は人間に聞き取れる最小の強さレベルで，10^{-16} watt/cm^2 という絶対量に設定されることが多い．70 dB が普通の会話，120 dB をこえると音が大きすぎて耳が痛くなるレベルである（Laver 1994）．

音波の性質で2つ目に重要なのは，空気分子が振動する時の頻度である．特に1秒に何サイクル振動するかを，音波の**振動数**（frequency，**周波数**）といい，単位は**ヘルツ**（Hz）である．言語学では言語音の長さの計測単位にミリ秒（ms）を用いることが多いが，周波数を計算する時に用いるのは秒（s）である（1 s は 1000 ms）．例えば図1の音波は1サイクルに9ミリ秒，つまり 0.009 秒かかるから，周波数は約 111 Hz（≈1/0.009）である．周波数の変化は心理量でいう声の高さ，つまりピッチ（pitch）の変化と関係し，周波数が高ければピッチも高くなる．人間の可聴領域は通常だいたい 20 Hz から 20,000 Hz の間である．いわゆる超音波が人間の耳に聴こえないのは，可聴領域よりも高い周波数の音波だからである．

音波の性質で言語音に大事な最後の点は音波の内部構成で，この違いが分節音の音色の違いに大きくかかわる．上述のように音叉の音波は単純な正弦波だが，言語音の波形はもっと複雑である．図2は日本語の「サ」の波形であるが，図1と違い非正弦波であることがわかる．

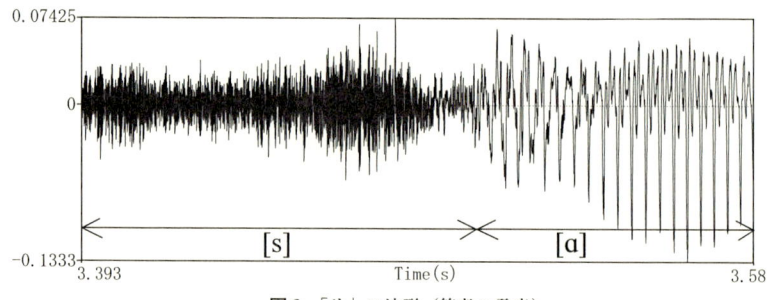

図2 「サ」の波形（筆者の発音）

非正弦波は周期や強さの異なる複数の正弦波に分析（**フーリエ解析**，Fourier Analysis）でき，逆にいえば，音波は複数の正弦波の和である．複数の正弦波の合成されたものを**複合波**（complex waves）と呼び，複合波を構成する正弦波1つ1つを，その複合波の**成分**（components）と呼ぶ．ある音波の構成成分がどのような周波数や強さなのかが，分節音の音色を決定する．

例えば図2の波形には，[s] と [ɑ] の間に違いがある．[ɑ] の波形は正弦波ではないが，基本的な波形の繰り返しなのに対して，[s] の波形はそうでない．前者を**周期波**（periodic waves），後者を**非周期波**（aperiodic waves）と呼ぶ．また非周期波からなる音は空気の乱流によって生じ，**ノイズ**（noise）と呼ばれる（ゆえに摩擦音は音響的にノイズの特徴をもつ）．

周期波の成分を周波数の低い方から順に並べると，それぞれ一番低い周波数の整数倍になる．例えば，ある複合波の成分の一番周波数の低いものが 120 Hz だとすると，次に低い周波数の成分は 240 Hz，その次は 360 Hz といった具合である．これらの成分は**倍音**（harmonics）と呼ばれ，周波数の低い方から順に第1倍音（first harmonic），第2倍音（second harmonic）と呼ぶ．上の例では，第1倍音の周波数は 120 Hz，第2倍音は（2倍で）240 Hz，第3倍音は 360 Hz である．このうち第1倍音は特に**基本周波数**（fundamental frequency）と呼ばれ，F0 や f0 とも記される．また，基本周波数はピッチを決定する．基本周波数が複合波全体としてのサイクルに一致するが，複合波全体のサイクルは声帯振動のサイクルを反映するからである．このような周期波の特徴に対して，非周期波は基本周波数の倍音のみならず全周波数が成分である．

7.2 共　　鳴

母音 [ɑ] と [i] の差は調音的には異なる構えに由来するが，音響音声学的には音波の成分のエネルギー分布の違いに見られ，ここで共鳴という概念が重要になる．

物体は振動するとある周波数帯では運動が増すという一般的性質をもつ．すなわちその周波数帯の成分の振幅が増す．どの成分にこの強調が起こるかは，大きさなど物体の性格による．違う物体を叩くと音が違うとか，コップに水を注ぐと水かさが増すにつれ音が変わるのは，物体の形状により異なる周波数帯で強調が起こるからである．この強調を**共鳴**（resonance）といい，最大に強調の起こる周

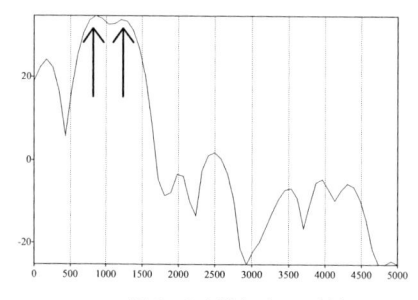

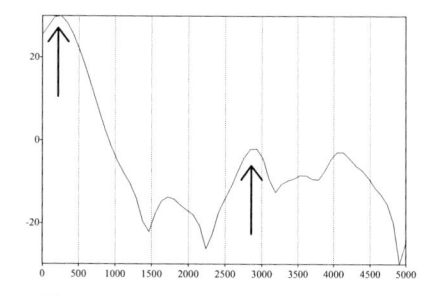

図3 /ɑ/（左）と /i/（右）のスペクトル（筆者の発音）（矢印は F1 と F2）
（y 軸単位振幅，x 軸単位周波数（Hz））

波数をその物体の**共鳴振動数**（resonant frequencies）という．

　声門で発せられた音波が声道という管状の共鳴体を通ると，その時々の声道の形特有の共鳴振動数で共鳴が起こる．図3は日本語の母音 /ɑ/ と /i/ について，成分の周波数を x 軸，振幅を y 軸にとった**スペクトル**（spectrum, spectra）であるが，特に振幅の大きい周波数帯が共鳴振動数帯であり（その他の周波数帯の振幅は弱められている），これが母音によって異なることがわかる．

　声道の共鳴は**フォルマント**（formant）と呼ばれ，その振動数／周波数を**フォルマント振動数／周波数**（formant frequencies）という．フォルマントは周波数の低い方から第 1 (first)，第 2 (second) と数え，第～フォルマントを F～と記す（例えば，第1フォルマントはF1）．つまり，図3の /ɑ/ と /i/ はフォルマント周波数の違いでとらえることができ，F1 はそれぞれ大体 800 Hz, 250 Hz, F2 は 1250 Hz, 2800 Hz である（矢印の部分）．

　以下，英語（紙面の都合上 GA のみ）の音響的特徴を見る．

7.3　分節音の音響的特徴

　7.2節でスペクトルを学んだが，ここで**スペクトログラム**（spectrogram）を紹介する．これは振幅と周波数と時間軸の3情報を2次元で表示する手段で，x 軸に時間，y 軸に周波数をとる．振幅は色の濃さによって表され，エネルギーがより強いとより濃く映る（無音，つまりエネルギーがゼロの時は真っ白）．図4は日本語「サ」のスペクトログラム[*1]であるが，[s]部分は広い周波数帯にわたるエネルギーを反映してカーテンのように色がつき，母音 [ɑ] にはこの母音のフォルマントを示す黒い帯が何本か見える（いくつか囲った）．

[s]　　　　　　[ɑ]

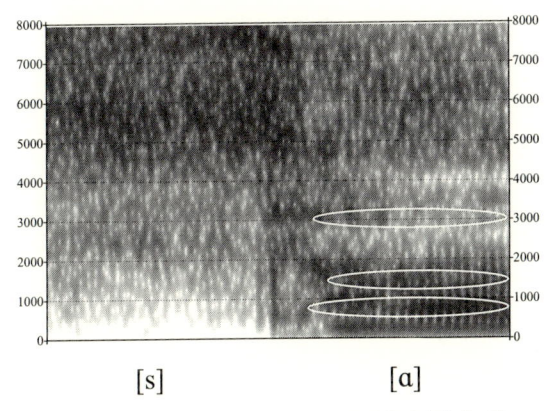

図4　「サ」のスペクトログラム（y軸単位周波数（Hz））

7.3.1　母音

母音の音響特徴は特にF1とF2にあり，これらの値が母音の高さ，前後方向，そして円唇／非円唇の別と関係することがわかっている．母音の高さはF1の値と関係していて，高母音から低母音にいくに従って値が高くなり，母音の前後方向はF2の値と関係し，後舌母音から前舌母音にいくに従って値が高くなる．また円唇はF2やF3といった周波数の高いフォルマントに影響を及ぼし，円唇だと非円唇の時に比べてこれらが低くなる．図5は(a)がGA話者，(b)が日本語（東京方言）話者のスペクトログラムで（F1とF2を囲んだ），いずれもF1は高母音になるほど値が低い．F2は基本的に前舌母音ほど高いが，F2は円唇も反映することに注意．

また，母音間の音響的な距離を示す目的で，F1とF2の値をプロットした表がよく使われる．図5の母音をプロットしたのが図6である．x軸にF2値，y軸にF1値，そして原点を表の右上にとると，調音音声学でおなじみの母音図と同じ方向性で表示できる．

[*1]　スペクトログラムは実は高価な機械を買わずとも作れる．本章掲載のものは，世界中で多くの言語学者に使われているPraat (http://www.fon.hum.uva.nl/praat/) というソフトウェアで作成したが，これはインターネット上で無料配布されている．この他にもさまざまな有料，無料の音響分析ソフトウェアがあり，目的に合ったものを選べる．

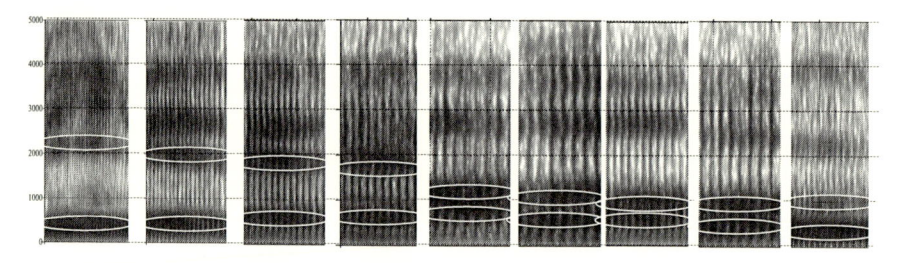

(a) GA の単母音　左から /i/, /ɪ/, /ɛ/, /æ/, /ɑ/, /ʌ/, /ɔ/, /ʊ/, /u/

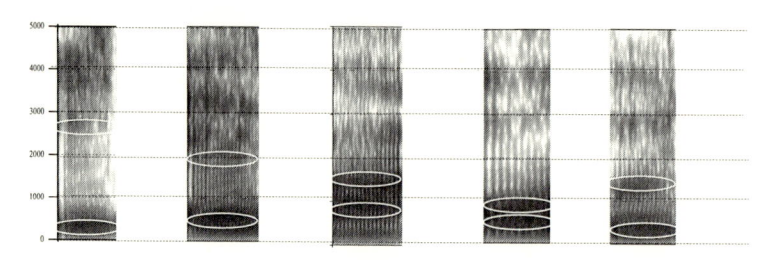

(b) 日本語の母音　左から /i/, /e/, /a/, /o/, /u/

図 5　(a) GA の単母音と (b) 日本語の母音のスペクトログラム（y 軸単位周波数 (Hz)）

◆ /i/,　■ /ɪ/,　▲ /ɛ/,　× /æ/,　＊ /ɑ/,
● /ʌ/,　＋ /ɔ/,　○ /ʊ/,　◇ /u/

◆ /i/,　■ /e/,　▲ /a/,　× /o/,　○ /u/

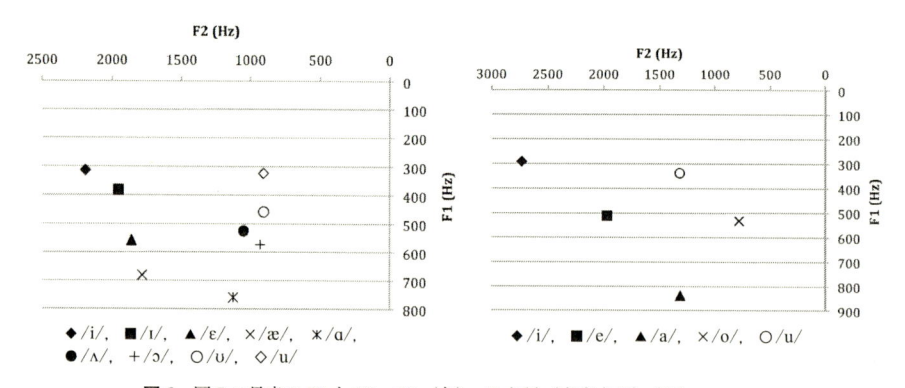

図 6　図 5 の母音の F1 と F2　GA（左），日本語（東京方言）（右）
　　　（計測の際，値はフォルンマントの安定している部分の平均をとった）

7.3.2　子音

以下，破裂音，摩擦音，鼻音，流音，わたり音の順で，スペクトログラム及び波形に見られる主な特徴を解説する．調音点の違いや声の有無についても言及する．まず破裂音では，閉鎖とそれに続く閉鎖の解放という調音の動きがスペクト

7.3 分節音の音響的特徴

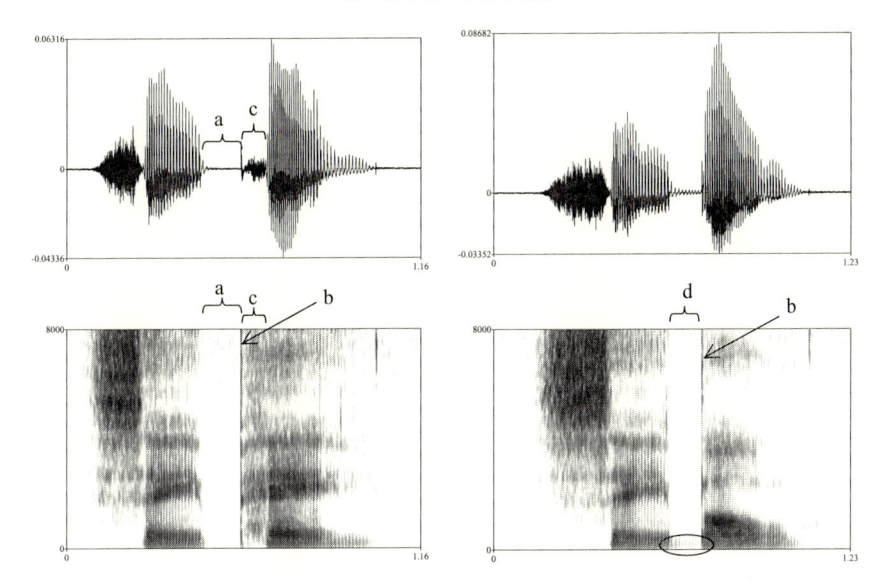

図7 Say pay.（左），Say bow. /bou/（右）の波形（上段）とスペクトログラム（下段）
（x 軸単位時間（s），y 軸単位周波数（Hz））

ログラムや波形に反映される．閉鎖の間はエネルギーがほとんどゼロなのでスペクトログラムでは空白（gap），波形はゼロ付近になる．図7の Say pay（左）で (a) で示した部分が該当する．

ただし完全に無音なのは無声破裂音の場合で，有声なら閉鎖の間も声帯振動から出るエネルギーが記録される．このエネルギーはスペクトログラムでは非常に低い周波数帯に観察され，**ボイスバー**（voice bar）と呼ばれる．図7右下の bow の丸で囲った部分で，縦線は声帯振動を反映する．ボイスバーは破裂音のみならず有声音に一般的な特徴である．

閉鎖が解放される瞬間には一気にエネルギーが放出され，これを**バースト**（burst）と呼ぶ．スペクトログラム上では広い周波数帯にわたって縦線に映る（図7 (b) で示した部分）．

破裂音の調音的特徴の1つに気息（aspiration）がある（序章及び第3章参照）．気息は音響的には（摩擦音同様）非周期波の波形をとるノイズである．図7で [p] の閉鎖の後の (c) が気息で，広範囲の周波数帯にわたってエネルギーが観察できる．気息の数値化によく使われるのが VOT（voice onset time）で，閉鎖の解放から声帯振動が始まるまでの時間と定義され，ミリ秒（ms）で計る．図7で [p] の

VOT は，(c) の部分 89 ms である．閉鎖の間，解放が起こる前に声帯振動が始まると，VOT は負の値をとる．例えば，図7における [b] の VOT は (d) 部分 −103 ms である．

破裂音の調音点の違いはどう音響的に観察されるだろうか．1つの鍵は子音から母音，あるいは母音から子音に調音が移行する**変移部**（transition）にある．変移部の**フォルマント遷移**（formant transition）が口腔内の動きを反映し，閉鎖の前後のフォルマントに調音点の差が観察されるのである．以下，両唇音，歯茎音，軟口蓋音のフォルマント遷移を見る．

両唇音は，閉鎖中 F2 と F3 が比較的低い値にあり，そこから母音に移ると思われる（図8左，Say bay.）．歯茎音は F2 が 1700〜1800 Hz くらいから母音に向かう（図8中央，Say day.）．軟口蓋音は F2 と F3 の起点が同じ辺りで母音に向かって分かれるのが特徴である（図8右，Say go.）．

次に摩擦音であるが，摩擦音は音響的に非周期波の波形をとるノイズなので，広域の周波数帯にわたってエネルギーが観察される．図9は英語の [θ] (thaw)，[ð] (though)，[s] (sigh)，[z] (zone)，[ʃ] (shine)，[ʒ] (genre) のスペクトログラムで（発音記号を該当音の下に記した），エネルギー分布がカーテンのように見える．なお，紙面の都合上唇歯音 [f], [v] は割愛する．

ここで2点注目したい．まず1つに，粗擦音（stridents）[s], [z], [ʃ], [ʒ] がそうでない摩擦音よりも濃く映っており，つまりより大きな音であることがわかる（母音を基準に強さを相対化してみるとわかりやすい）．2点目には，無声音 [θ], [s], [ʃ] の方が有声音 [ð], [z], [ʒ] よりもそれぞれエネルギーが強い（有声音にはボイスバーが見られることにも注目）．

摩擦音の調音点の違いは，エネルギーの集中／分散の様態に観察できる（ただし後述する /h/ を除く）．歯茎音と後部歯茎音ではエネルギーが集中する周波数

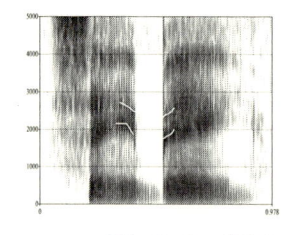

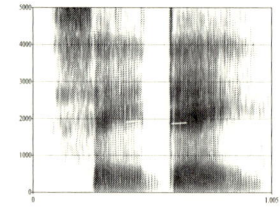

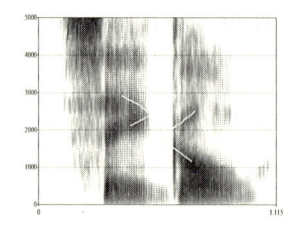

図8 Say bay.（左）Say day.（中央）Say go.（右）のスペクトログラム．白線は本文に説明の該当フォルマント（x 軸単位時間 (s)，y 軸単位周波数 (Hz)）

7.3 分節音の音響的特徴

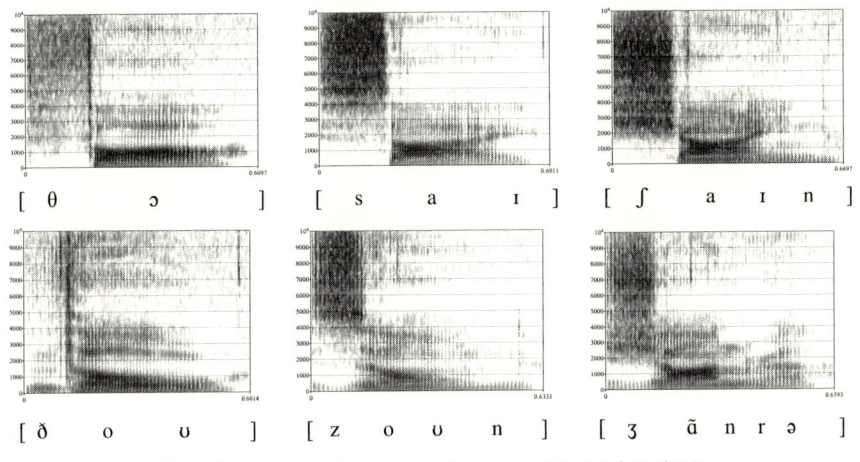

[θ ɔ]   [s aɪ]   [ʃ aɪ n]

[ð oʊ]   [z oʊ n]   [ʒ ɑ̃ r ə]

図9 thaw, though, sigh, zone, shine, genre のスペクトログラム
(x 軸単位時間 (s), y 軸単位周波数 (Hz))

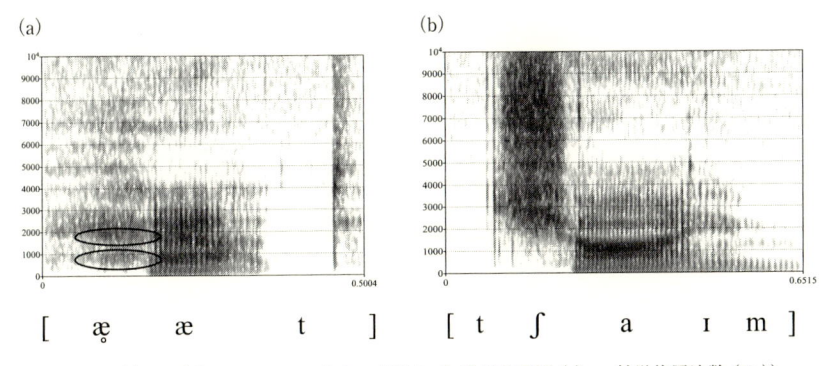

(a)   (b)

[æ̥ æ t]   [t ʃ aɪ m]

図10 (a) hat (b) chime のスペクトログラム (x 軸単位時間 (s), y 軸単位周波数 (Hz))

帯（peak frequencies）があり，これが歯茎音が後部歯茎音よりも高い．これに比べて歯音（と唇歯摩擦音）はエネルギーが分散していて（diffuse），エネルギーの分布がより広い周波数帯にわたっている．

英語の /h/ は音声的には多くが後続母音の無声化した音で，その場合ノイズと同時に後続母音のフォルマントが見られる．図 10 (a) は /hæt/ のスペクトログラムだが，/h/ に広域周波数にわたるエネルギーと，後続母音 /æ/ と同じ周波数帯のフォルマント（丸枠）が観察される．

破擦音では閉鎖の後解放がゆっくり行われ，摩擦が生じる．図 10 (b) は chime

のスペクトログラムであるが，語頭の破擦音 [tʃ] において，閉鎖を示す gap に続いてノイズの特徴である広域帯にわたるエネルギーが観察される．

次に鼻音，流音，わたり音の音響的特徴を見る．これら共鳴音は英語では，特定の音環境で無声化しない限り有声なので，有声で発音された状態を解説する．共鳴音は声道の狭めはあるものの阻害音のような狭めでない．ゆえに声帯振動と共鳴の役割が大きく，フォルマントの様態が重要な特徴で，この点母音に似ているが，母音ほどのエネルギーはない．

鼻音には，**鼻音フォルマント**（nasal formant）と呼ばれる特徴的なフォルマントが観察され，これは鼻腔と（閉鎖つきの）口腔という二股の形をした管の共鳴を反映している．図 11 Say May. のスペクトログラムでは 2200〜2300 Hz に鼻音フォルマントが見られる．また鼻音が隣接母音に比べてエネルギーの小さいことが色の薄さからわかるが，この特徴は口腔が閉じ鼻腔から呼気が出る時，鼻腔の壁にエネルギーが吸収される（damping）などの理由による．

次に流音 /l/ と /r/ の特徴である．[l] は F1 と F2 の間が比較的大きい（図 12 (a) leak）．英語の /l/ の異音に軟口蓋化を伴った [ɫ]（dark /l/）があるが，軟口蓋化の特徴は F2 を下げることである．図 12 で (a) leak と (b) like の F2 を比較すると違いがわかる（丸枠）．

/r/ は F3 を下げる．図 12 (c) around で母音から /r/ に向かって F3 の沈み込みが観察される．日本語話者にとって聞き取り区別の難しい英語の /l/ と /r/ が，F3 の様態から見るとかなり違うことがわかるだろう．/l/ には /r/ のような F3 の沈み込みがないからである．

最後にわたり音 /j/, /w/ であるが（図 13），調音から察せられるように，基本

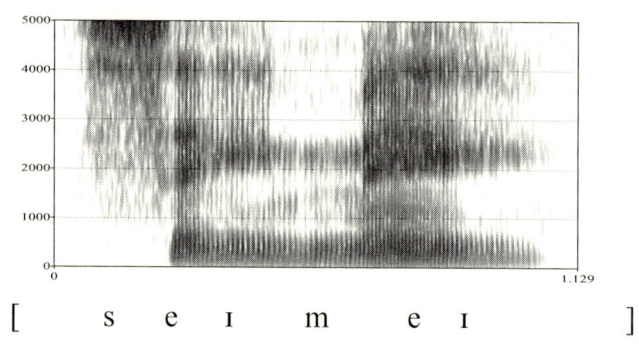

図 11　Say May. のスペクトログラム（x 軸単位時間 (s)，y 軸単位周波数 (Hz)）

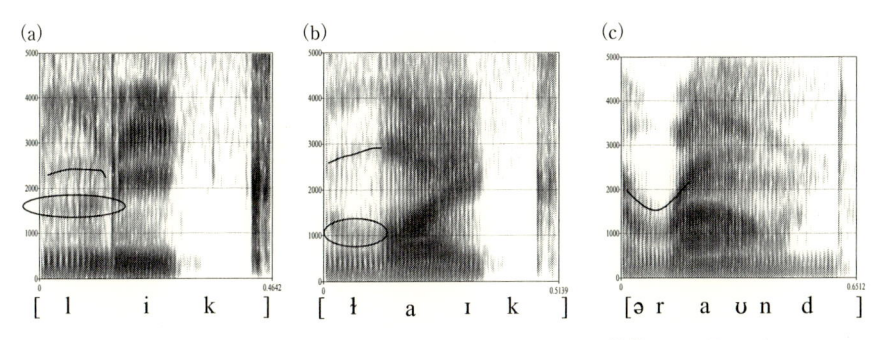

図 12 (a) leak, (b) like, (c) around のスペクトログラム（丸枠：F2, 線：F3）
(x 軸単位時間 (s), y 軸単位周波数 (Hz)）

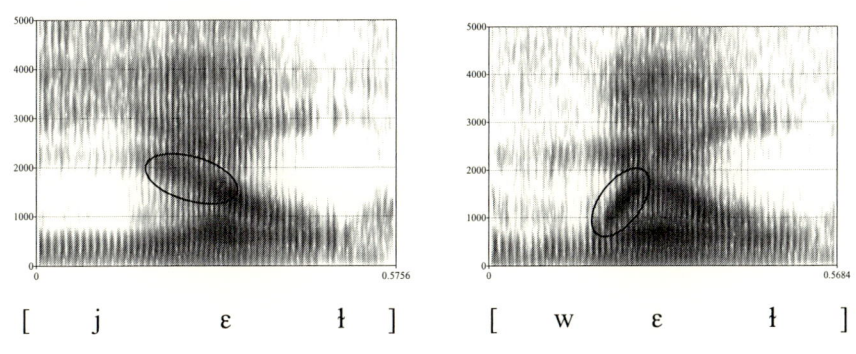

図 13 yell（左）と well（右）のスペクトログラム（丸枠は F2）
(x 軸単位時間 (s), y 軸単位周波数 (Hz)）

的にそれぞれ母音 [i], [u] と似たフォルマント構造をもち，[j] は F1 が低く F2 が高く，[w] はどちらも低めである．

　他の子音にはない特徴に，変移部におけるフォルマント遷移がなだらかなことが挙げられ，このため隣接母音との境目を同定するのが難しいことが多い．図 13 では /j/, /w/ に母音 /ε/ が続いているが，F2 のフォルマント遷移（丸枠）からでは母音との境目がつかみにくい．上述の鼻音（図 11）や流音（図 12）と比べると違いが際立つだろう．

7.4　超分節的特徴

本節では強勢とイントネーションの音響的特徴を取り上げる．まず強勢である

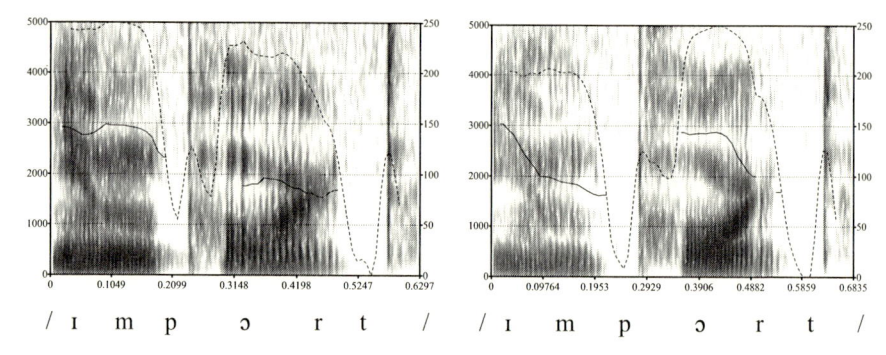

図14 import の名詞(左)と動詞(右)のスペクトログラム,ピッチ曲線(実線),デシベル曲線(点線)(左縦軸:スペクトログラムの Hz,右縦軸:ピッチ曲線の Hz)

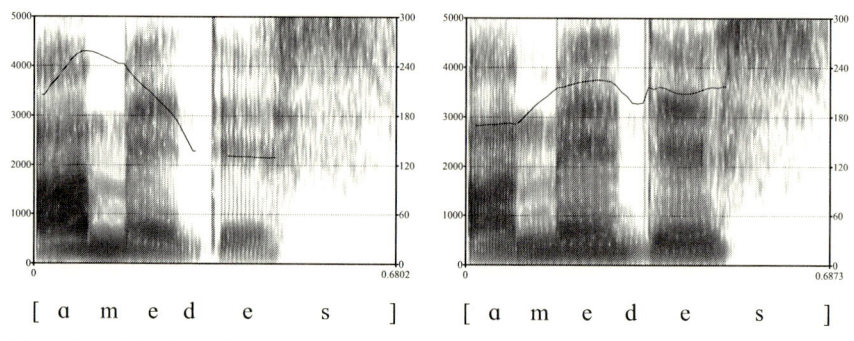

図15 「雨です」(左)と「飴です」(右)のスペクトログラムとピッチ曲線(y 軸単位は図14に同じ)

が,英語で強勢のある音節は,ない音節に比べて長く,強く,高いピッチで発音されるが(第5章参照),音響分析でこれらを実際に数値で検証できる.図14は import が第1音節に強勢のある場合(名詞)と第2音節に強勢のある場合(動詞)のスペクトログラム,デシベル曲線(点線),ピッチ曲線(実線)である.

まず音節の長さだが,最初から最後の [t] の閉鎖の解放までの時間を全体として比をとってみると,必ずしも強勢がある時に長いわけではないことがわかる.第1音節 /ɪm/ は強勢のある時(名詞)でもない時(動詞)でも,全体の約33%を占める(名詞:179/551 ms,動詞:222/666 ms).第2音節は残りの部分だから,強勢のある(動詞)なし(名詞)にかかわらず全体の約66%である.強さはスペクトログラムの濃淡からもわかるが(同じ語内で強勢のない母音よりある母音の方が濃い),デシベル数値の変移から(点線)いずれの語でも強勢のある音節

の方が極大値が高く，強く発音されていることがわかる．

またピッチは f0 の動きを示した**ピッチ曲線**（pitch curve）（実線）を見ると，第1音節から第2音節へのピッチ変動が名詞と動詞で随分違うことが観察できる．名詞では強勢のある音節が強勢のない音節よりも全体的にピッチが高い．動詞では強勢のない第1音節の始めが高いが直後に低くなり，強勢のある第2音節はかなり高いピッチで始まっている．

日本語と比べてみよう．英語の強勢と音韻的に同様な卓立概念を日本語ではアクセントと呼ぶ．例えば「雨」は第1音節にアクセント核がある．アクセントは主にピッチ変化によって具現され，東京方言ではアクセント核があるとピッチの急激な下降がある（図15左図）．これに比べ，無核語の「飴」ではこのようなピッチ下降がない（図15右図）．

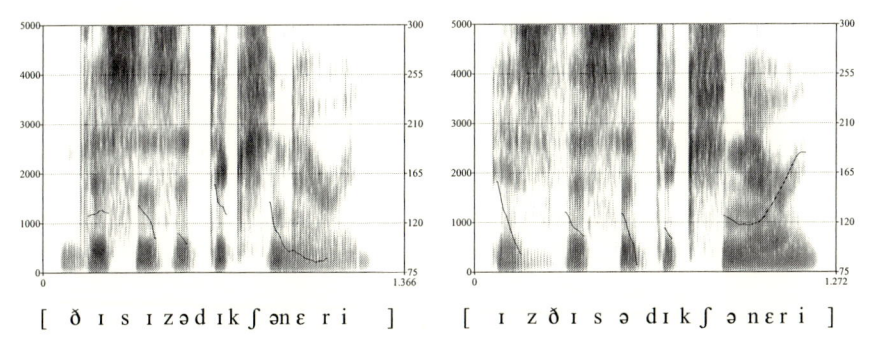

図16 This is a dictionary.（左）Is this a dictionary?（右）のスペクトログラムとピッチ曲線（y軸単位は図14に同じ）

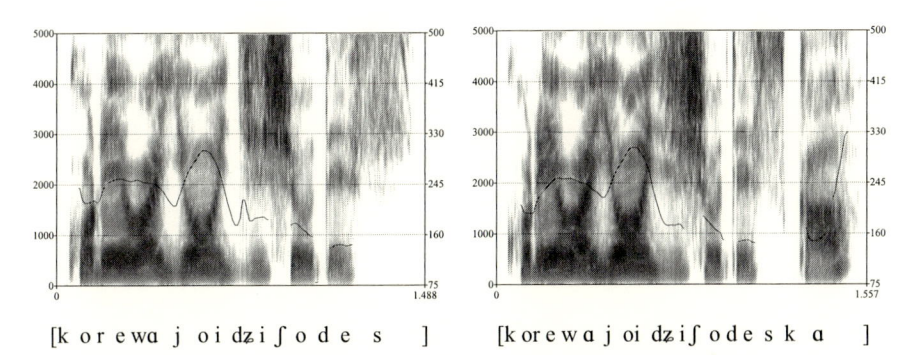

図17「これは良い辞書です」（左），「これは良い辞書ですか」（右）のスペクトログラムとピッチ曲線（y軸単位は図14に同じ）

次にイントネーションを見るが，ここではピッチの上がり下がりが重要である（第6章参照）．図16は平叙文 This is a dictionary.（左図）と yes-no 疑問文 Is this a dictionary?（右図）である．ピッチ曲線を見ると，平叙文では文末に向かってピッチが下降しているのに対し，yes-no 疑問文では上昇しているのが観察される．

日本語はどうであろうか．図17は左図が平叙文「これは良い辞書です」，右図が疑問文「これは良い辞書ですか」である．ピッチ曲線をみると，英語と同じく平叙文は文末が下降調，疑問文はこの発話では上昇調で発音されている．

ただ，日本語と英語で異なる点として疑問文のピッチの上昇の仕方を挙げることができる．英語では最後の核音節 dic から文末にかけて徐々にピッチが上昇していくが，日本語では文末の疑問詞「か」で急激に上昇している．

より深く勉強したい人のために

- Hayward, Katrina (2000) *Experimental Phonetics*, Harlow: Pearson Education Limited.
  豊富な例示とともに音響音声学が詳しく解説されている．
- Johnson, Keith (2012) *Acoustic and Auditory Phonetics*, Third Edition, Chichester: Wiley-Blackwell.
  音響音声学の基礎的理論を学ぶのによい．
- Ladefoged, Peter (2003) *Phonetic Data Analysis: An Introduction to Fieldwork and Instrumental Techniques*, Malden MA: Blackwell Publishing Ltd.
  どこを計測したらよいかなど音響分析の方法論を細かく紹介している．

演習問題

1. 二重母音 /aɪ/, /aʊ/, /ɔɪ/ はスペクトログラムではどのように観察されるだろうか．考えられる特徴を述べなさい．
2. 下図は Kim, kin, king のスペクトログラムである．どの図がどの語か同定しなさい．（ヒント：調音点の差を示す鍵となるフォルマント遷移に注目）

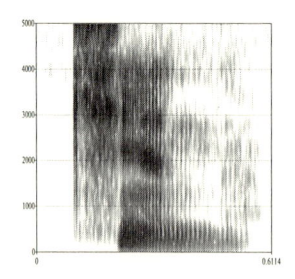

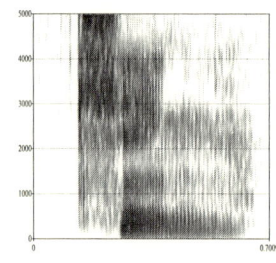

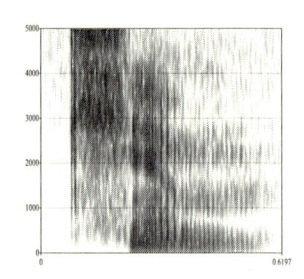

文 献

Laver, John (1994) *Principles of Phonetics*, Cambridge: Cambridge University Press.

付録　音声学の学習に役立つ音声資料などの紹介

　本文では，日本人学習者が心得ておくべき調音上の留意点をできるだけ詳細に記述してある．しかし，やはり，実際に聞いてみるのが望ましい．現在ではCDのみならず，インターネット上などで各種の音声を聞くことが可能になっている．以下に，音声を聴取したり，音声学に関するさまざまな情報を入手できるサイトなどをいくつか紹介した．大いに利用していただきたい．

1. インターネットのウェブサイト

- The International Phonetic Association（IPA）（国際音声学協会）
  http://www.langsci.ucl.ac.uk/ipa/
- The UCLA Phonetics Lab（カリフォルニア大学ロサンゼルス校音声学研究室）
  http://www.linguistics.ucla.edu/faciliti/uclaplab.html
- John Wells's Home Page（ロンドン大学ユニバーシティ・コレッジ音声学名誉教授ジョン・ウェルズのホームページ）
  http://www.phon.ucl.ac.uk/home/wells/
- John Wells's Phonetic Blog（ジョン・ウェルズの音声学ブログ）
  http://www.phonetic-blog.blogspot.jp/
- Jack Windsor Lewis's Home Page（音声学者ジャック・ウィンザー・ルイスのホームページ）
  http://www.yek.me.uk/
- British Association of Academic Phoneticians（BAAP）（英国理論音声学者協会）
  http://www.baap.ac.uk/
- *Manual of Articulatory Phonetics* by William A. Smalley（各種の音声産出訓練のための優れた教本であったが，現在は書籍，テープとも入手不可．以下のURLから音声を聴くことができる．）
  http://bach.arts.kuleuven.be/MOAP/
- IPAモジュール（東京外国語大学）
  http://www.coelang.tufs.ac.jp/ipa/
- Keith Johnson's phonetics videos（音声学者キース・ジョンソンがDaniel Jonesのcardinal vowelsをはじめ，音声学に関するさまざまな映像を集めたもの）
  http://www.youtube.com/user/keithjohnsonberkeley

2. Audio CD や CD-ROM が付属している書籍など

- Collins, Beverley and Inger M. Mees (2013) *Practical Phonetics and Phonology: A resource book for students*, Third Edition, Oxon: Routledge.
- Hughes, Arthur, Peter Trudgill and Dominic Watt (2012) *English Accents and Dialects: An Introduction to Social and Regional Varieties of English in the British Isles*, Fifth Edition, London: Hodder Education.（録音音声を出版社のサイトから聴くことができる）
- Ladefoged, Peter and Keith Johnson (2015) *A Course in Phonetics*, Seventh Edition, Stamford, CT: Cengage Learning.
- Ladefoged, Peter and Sandra Ferrari Disner (2012) *Vowels and Consonants*, Third Edition, Chichester: Wiley-Blackwell.（第3版からは出版社のサイトから音声や画像を見聞できるようになっている．http://www.wiley.com/go/ladefoged）
- Roach, Peter (2009) *English Phonetics and Phonology: A Practical Course*, Fourth Edition, Cambridge: Cambridge University Press.
- Wells, J. C. (2006) *English Intonation: An Introduction*, Cambridge: Cambridge University Press.
- Wells, John and Jill House (1995) *The Sounds of the International Phonetic Alphabet*, University College London.

Audio CD や CD-ROM 付きの発音辞典として以下の2冊がある．

- Jones, Daniel (edited by Peter Roach, Jane Setter and John Esling) (2011) *Cambridge English Pronouncing Dictionary*, Eighteenth Edition, Cambridge: Cambridge University Press.
- Wells, J. C. (2008) *Longman Pronunciation Dictionary*, Third Edition, Harlow: Pearson Education Limited.

日本語のアクセント辞典で音声が聴けるものとして2点挙げておく．

- 金田一春彦監修　秋永一枝編 (2014)『新明解日本語アクセント辞典　第2版』CD付き，三省堂．
- NHK放送文化研究所編 (2002)『NHK日本語アクセント辞典　CD-ROM版』NHK出版．

3. パソコンで使用可能な音声分析ソフト（無料）

1点のみ挙げる．

- Praat: doing phonetics by computer (Phonetic Sciences, University of Amsterdam)
　http://www.fon.hum.uva.nl/praat/

索　引

▶欧　文

alveolar　50
BBC 発音(BBC pronunciation)　22
BOR ラベル(the backness-openness-(lip-) rounding label, BOR label)　55
consonant　46
damping　134
diffuse　133
EE　24
GA　18, 19, 20, 21, 57, 58, 59, 60
gap　131
H 音の脱落(H Dropping)　23
IPA チャート　54, 55
L 音の母音化(L Vocalization)　24
MRP　23, 24, 51, 55, 57, 58, 59, 60
peak frequencies　133
RP　22, 23, 24
r 音アクセント(rhotic accent)　39
R 音化した母音(/r/-colored vowel)　47
R 音性(rhoticity)　20
R 音変種(rhotic)　19
TH 音の閉鎖音化(TH Stopping)　23
T 音の声門音化　24
T 音の有声化(T Voicing)　58
velum　51
VOT(voice onset time)　131
VPM ラベル(the voice-place-manner label, VPM label)　54, 56

▶あ　行

あいまい性　113
明るい L(clear L)　21, 61
アクセント(accent)　84, 137
アクセント核　119, 137
アクセント機能(accentual function)　112

異音(allophone)　1
息(breath)　9
息まじり声(breathy voice)　10
息もれ声(breathy voice)　10
一次調音(primary articulation)　80
一般音声学(general phonetics)　3
一般米語(General American, GA)　18, 47
一般ロンドン発音(Popular London)　24
韻(rhyme, rime)　67
咽頭(pharynx)　6
咽頭化(pharyngealization)　41, 81
咽頭壁(pharyngeal wall, pharynx wall)　7
イントネーション(intonation)　84, 104
イントネーション句(intonation phrase)　109
イントネーション群(intonation group)　109

英語音声学(English phonetics)　3
英語のリズム　86
遠隔異化(distant dissimilation)　76
遠隔同化(distant assimilation)　74
円唇(rounded lips, rounded)　12, 29
円唇化((lip-)rounding)　81

押韻俗語(rhyming slang)　23
応用音声学(applied phonetics)　3
尾子音(coda)　39
帯気音(aspirated)　12
音圧縮(compression)　58
音韻論(phonology)　1
音響音声学(acoustic phonetics)　2
音声(speech sound)　1
音声学(phonetics)　1
音声学的子音(contoid)　47
音声学的母音(vocoid)　47
音声器官(organs of speech, vocal organs)　4
音節(syllable)　64
　　──の強さ　87
音節核(syllable nucleus)　65
音節主音(的な)(syllabic)　47, 58
音節主音的音声学的子音(syllabic contoid)　48
音節主音的音声学的母音(syllabic vocoid)　48

音節主音的子音(syllabic consonant)　47, 69
(音節)頭子音(onset)　65
(音節末)尾子音(coda)　65
音節量(syllable weight, syllable strength)　87
音素(phoneme)　1, 59
音素配列論(phonotactics)　47
音波(sound waves)　125

▶か　行

開音節(open syllable)　29, 65
外向的(流出的)(egressive)　8
階層構造(hierarchical structure)　66
外転(eversion)　50
開放母音(free vowel)　29
ガ行鼻音　61
核(nucleus)　47, 65, 109
確信性(definiteness)　107
河口域英語(Estuary English)　24
下降上昇調(fall-rise)　107
下降調(fall)　107
下降二重母音(falling diphthongs)　38
下層方言(basilect)　17
カタセシス(catathesis)　120
可聴領域　126
下部調音体(lower articulator)　11
完全同化(complete assimilation)　74
完全な閉鎖(complete closure)　50
嵌入の'r'(intrusive 'r')　78
慣用的表現　119
簡略表記(broad transcription)　14, 33

気音（aspiration)　11, 131
気管(trachea, windpipe)　5
聞こえ(度)(sonority)　47, 68
きしみ(creak)　10
記述ラベル(descriptive label)　54
気息(aspiration)　11, 131
機能語(function word)　92, 104
起伏型　119
基本周波数(fundamental frequency)　127
基本母音(cardinal vowels)　30
脚(foot)　94
脚と語の境界　94
逆行異化(regressive dissimilation)　77
逆行同化(regressive assimilation)　73
休止(pause)　96

旧情報(old information)　105
吸着音(click)　8
強音節(strong syllable)　87
強形(strong form)　92
狭窄(stricture)　48
強弱の繰り返し　86
行首余剰音(anacrusis)　96
強勢(stress)　84
　　──の消失(降格)　101
強勢アクセント(stress accent)　84
強勢移動接尾辞(stress-shifting suffix, stress-affecting suffix)　88
強勢請負接尾辞(stress-bearing suffix, stress-attracting suffix)　88
強勢空白(stress lapse)　99
強勢降格(stress shift)　98
強勢衝突(stress clash)　98
強勢中立接尾辞(stress-neutral suffix)　88
強勢拍リズム(stress-timed rhythm)　94
胸拍説(chest pulse theory)　64
共鳴(resonance)　127
共鳴音(sonorant)　54, 56
共鳴振動数(resonant frequencies)　128
気流機構(airstream mechanism)　8
近接(開きの狭い接近)(close approximation)　50
緊張母音(tense vowel)　29

空白(gap)　131
口音・鼻音変換過程(oro-nasal process)　10
暗い L(dark L)　21, 61

形態素(morpheme)　59
結束機能(cohesive function)　112
言語音(speech sound)　1
言語音声(speech sound)　1
現代容認発音(Modern Received Pronunciation, MRP)　22
限定的な同意(limited agreement)　107

硬音(fortis)　56, 59
硬音前の母音短縮化(pre-fortis clipping)　57
口蓋(palate)　6
口蓋音(palatal)　51
口蓋化　80
口蓋垂(uvula)　7
口蓋垂音　51

口蓋帆(velum) 6
口腔(oral cavity) 6, 50
硬口蓋(hard palate) 6
硬口蓋音 51
硬口蓋化 61, 80
硬口蓋歯茎音(palato-alveolar) 51
甲状軟骨(thyroid cartilage) 5
後舌母音(back vowel) 28
後舌面(back) 7
喉頭(larynx) 5
喉頭蓋(epiglottis) 6
喉頭蓋音(epiglottal) 55
後部歯茎音 51
高母音(high vowel) 28
後方強勢(late stress) 90
声(voice) 9
　──の出だしの時間(voice onset time, VOT) 12
語幹(stem) 88
呼吸にかかわる筋肉の活動 97
国際音声学協会(International Phonetic Association, IPA) 13
国際音声字母(International Phonetic Alphabet, IPA) 13, 47
語群(word group) 109
コックニー(Cockney) 22, 23
言葉の連鎖(speech chain) 2

▶さ　行

サイクル(cycle) 125
最終性(finality) 107
最小対(minimal pair) 52, 59
ささやき(whisper) 10
ささやき音(whispered sound) 10
産出(production) 2
三連規則(rule of three) 101, 110

子音(consonant) 11, 27, 46, 47
子音字 46
歯音 50
弛緩母音(lax vowel) 29
歯茎(alveolar ridge) 6
歯茎音(alveolar sound) 50
歯茎硬口蓋音 56
歯茎硬口蓋摩擦音(alveolo-palatal fricative) 55, 56
歯茎破裂音 58

自然下降(declination) 111
実験音声学(experimental phonetics) 3
実践(実用)音声学(practical phonetics) 3
始動(initiation) 8
始動体(initiator) 4
社会音声学(sociophonetics) 3
弱音節(weak syllable) 87
弱形(weak form) 92
弱化母音(reduced vowel) 42
周期波(periodic waves) 127
周波数(frequency) 126
主強勢(primary stress) 85
主調子音節(tonic syllable) 109
受動調音体(passive articulator) 10, 50, 53
順行異化(progressive dissimilation) 77
順行同化(progressive assimilation) 73
上歯(upper teeth) 6
上昇下降調(rise-fall) 108
上昇調(rise) 107
上昇二重母音(rising diphthongs) 38
上唇(upper lip) 6
上層方言(acrolect) 17
焦点(focus) 105
焦点化機能(focusing function) 112, 114
常套句(cliché) 108, 119
上部調音体(upper articulator) 11
情報機能(informational function) 112
ジョーディー(Geordie) 22
ジョーンズ，ダニエル(Jones, D.) 30
唇音化((lip-)rounding, labialization) 41, 81
進行同化(progressive assimilation) 73
新情報(new information) 105
振動(vibration, oscillation) 125
振動数(frequency) 126
唇軟口蓋化(labio-velarization) 81
振幅(amplitude) 126

スカウス(Scouse) 22
スペクトル(spectrum, spectra) 128
スペクトログラム(spectrogram) 128

正弦波(sine or sinusoidal wave) 125
成節子音(syllabic consonant) 47, 69
声帯(vocal folds, vocal c(h)ords) 5, 51
声帯振動(voicing) 56
　──の有無 54

正中矢状断面図(midsagittal head diagram) 48
正中面接近音(central approximant) 53
声道(vocal tract) 6, 50
成分(components) 127
精密表記(narrow transcription) 14, 33
声門(glottis) 5, 51
声門破裂音(glottal plosive) 10
声門閉鎖(glottal stop) 10
声門閉鎖音(glottal stop) 10, 58
接近音(approximant) 46, 53, 54, 61
舌骨(hyoid bone) 48, 49
舌根(root) 7
舌根前進(advanced tongue root, ATR) 30
接辞付加 88
舌尖(tip) 7
舌尖歯茎音(apico-alveolar) 50
舌端(blade) 7
舌端歯茎音(lamino-alveolar) 50
接頭辞(prefix) 88
舌背(dorsum) 7
接尾辞(suffix) 88
狭め 27
潜在的有声音(potentially voiced) 56
漸次下降(declination) 111
前舌母音(front vowel) 28
前舌面(front) 7
前頭部(prehead) 110
前方強勢(early stress) 90

相互同化(reciprocal assimilation) 73
阻害音(obstruent) 54, 56
側面音 53
側面解除(lateral release) 58, 79
側面開放(lateral release) 58
側面接近音(lateral approximant) 53, 58
側面破裂(lateral plosion) 79
そり舌音(retroflex) 20

▶た 行

第一次基本母音(primary cardinal vowels) 30
帯気音(aspiration) 57
対照音声学(contrastive phonetics) 3
対照強勢(contrastive stress) 100
態度的機能(attitudinal function) 112
第2強勢(secondary stress) 85

第二次基本母音(secondary cardinal vowels) 30
対立(contrast) 40
ダウンステップ(downstep) 120
卓立(prominence) 84
たたき音(tap) 53
――のR(tapped R) 21
脱落(elision) 77
単位休止(unit pause) 96
単一母音(monophthong) 29
短時休止(brief pause) 96
単母音(monophthong) 29
単母音化(monophthongization) 41
談話機能(discourse function) 112, 115

知覚(perception) 2
中舌母音(central vowel) 28
中舌面(center) 7
中層方言(mesolect) 18
中母音(mid vowel) 28
中和 40
調音(articulation) 10
――の仕方(調音法) 50
調音位置(place of articulation) 11, 48
調音音声学(articulatory phonetics) 2, 27
調音器官(articulator) 10
調音器官設定(articulatory setting, voice quality setting) 20
調音体(articulator) 10
調音点(place of articulation, point of articulation) 11, 48, 53, 54, 59
調音点(point of articulation) 11
調音法(manner of articulation) 11, 52-54
調音様式(manner of articulation) 11
聴覚音声学(auditory phonetics) 2
調子群(tone group) 109
調子単位(tone unit) 109
頂点(peak) 47
超分節音的(suprasegmental) 27

つぶやき(murmur) 10

低母音(low vowel) 28
出来事文(event sentence) 116
デシベル(dB) 126
デフォルト音調(default tone) 106
添加(addition) 78

伝播(propagation) 2
伝播する(propagate) 125

同化(assimilation) 59, 73
同格同時調音(co-ordinate coarticulation) 80
頭子音(onset) 47
等時間隔性(isochronism) 95
同時調音(co(-)articulation) 80
頭部(head) 110
頭部開始点(onset) 110
時の副詞 107, 117
トーナリティ(tonality) 112
トーニシティ(tonicity) 112
ドミノ効果(domino effect) 75
トーン(tone) 112

▶な 行

内向的(流入的)(ingressive) 8
内容語(content word) 92, 104
軟(音)化(lenition) 53
軟音(lenis) 56, 59
軟化 60
軟口蓋(soft palate) 6, 51
軟口蓋音 51, 53
軟口蓋化 80
軟口蓋背面閉鎖(velic closure) 52

二字一音(digraph) 20
二次調音(secondary articulation) 80
二重調音(double articulation) 55, 80
二重母音(diphthong) 29
二重母音化(diphthongization) 35
二拍指向 101
日本語音声学(Japanese phonetics) 3
入破音(implosive) 8

ノイズ(noise) 127
能動調音体(active articulator) 10, 50, 53

▶は 行

肺(lungs) 4
倍音(harmonics) 127
肺臓吸気流(pulmonic ingressive airstream) 4
肺臓呼気流(pulmonic egressive airstream) 4
肺臓流出気流(pulmonic egressive airstream) 4
肺臓流入気流(pulmonic ingressive airstream) 4

波形(waveform) 125
破擦音(affricate) 52, 54, 55, 56
弾き音(flap) 53
場所の副詞 117
バースト(burst) 131
発音法(pronunciation) 2
発声(phonation) 9
パブリックスクール発音(Public School Pronunciation, PSP) 22
破裂音(plosive) 11, 52, 53, 54
半子音(semiconsonant) 47
半母音(semivowel) 46
半連続的な鼻音化(semi-continuous nasalization) 20

非r音アクセント(non-rhotic accent) 39
非円唇(unrounded) 29
非円唇母音 61
鼻音(nasal) 52, 54, 59
鼻音化 59, 81
鼻音化したたたき音(nasalized tap) 21
非音節主音(的な)(nonsyllabic) 47
非音節主音的音声学的子音(nonsyllabic contoid) 48
非音節主音的音声学的母音(nonsyllabic vocoid) 48
鼻音フォルマント(nasal formant) 134
非下降調 110, 116
鼻腔(nasal cavity) 6, 52
鼻腔解除(nasal release) 58, 79
鼻腔開放(nasal release) 58
鼻腔破裂(nasal plosion) 79
尾子音(coda) 47
非周期波(aperiodic waves) 127
非成節音(non-syllabic) 35
鼻濁音(ガ行鼻音) 51, 61
左枝分かれ構造(left-branching structure) 66
非地域発音(Non-Regional Pronunciation, NRP) 22
ピッチ(pitch) 104, 126
ピッチアクセント(pitch accent) 84
ピッチ曲線(pitch curve) 137
尾部(tail) 110
鼻母音 28
開きの広い接近(open approximation) 50
披裂軟骨(arytenoid cartilages) 5

父音　46
フォルマント（formant）　128
フォルマント振動数，周波数（formant frequencies）　128
フォルマント遷移（formant transition）　132
付加疑問文　114
複合語（compound word）　89
複合波（complex waves）　127
副次的情報　118
普通唇（neutral lips）　13, 30
部分同化（partial assimilation）　74
ブラミー（Brummie）　22
フランス語音声学（French phonetics）　3
フーリエ解析（Fourier Analysis）　127
ふるえ音（trill）　53
分節音（segment）　27, 47
分節化（syllabification）　71
文法的機能（grammatical function）　112, 113
文末焦点　105

閉音節（closed syllable）　29, 65
閉鎖音（stop）　52, 54, 57
平唇（spread lips）　12, 30
平板型　120
平板構造（flat structure）　66
平板調（level）　108
ヘルツ（Hz）　126
ベルヌーイ効果（Bernoulli effect）　9
変移部（transition）　132
弁別素性（distinctive feature）　54

ボイスバー（voice bar）　131
母音（vowel）　11, 27, 48, 54
　──の音質　86
　──の高さ（vowel height）　28
　──の鼻音化（鼻母音）　59
母音図（vowel chart, vowel quadrilateral）　31
母音連続（hiatus）　79
法音声学（forensic phonetics）　3
方言（変種）（accent）　17
放出音（ejective）　8
放送網英語（Network English）　19
北米英語（North American English）　19
母語転移（L1 transfer）　118
補助記号（diacritics）　13, 32

▶ま行

摩擦音（fricative）　11, 53, 54, 59
マシンガンのリズム　95
マンキューニアン（Mancunian）　22

右枝分かれ構造（right-branching structure）　66
溝状摩擦音（grooved fricative）　60
3つのP（three Ps）　2
3つのT（three Ts）　112

無音強勢（silent stress）　97
無核型　120
無気音（unaspirated）　12
無声（voicelessness）　9
無声音（voiceless sound）　9
無声化（devoicing）　43, 74
無声両唇軟口蓋摩擦音（voiceless labial-velar fricative）　55

名詞優先の原則　116

目録（inventory）　33
モーラ（mora）　67, 95
モーラ拍リズム（mora-timed rhythm）　95
盛り上がり舌のR（bunched R）　20
モールス信号のリズム　95

▶や行

有核型　119
有気音（aspirated）　12
融合（coalescence）　75
有声音（voiced sound）　9
有声化（voicing）　74
有声開始時間（voice onset time, VOT）　12
有声両唇軟口蓋接近音（voiced labial-velar approximant）　55

拗音（開拗音）　51, 61
容認発音（Received Pronunciation）　22
予期同化（anticipatory assimilation）　73
抑止母音（checked vowel）　29, 59
四つ仮名　60
ヨッドの脱落（Yod Dropping）　23, 60
ヨッドの融合（Yod Coalescence）　24

呼びかけ語（vocative）　108

▶ら 行

ライム (rhyme, rime) 67

理想的な強勢パタン 100
留保 (reservation) 107
両唇音 53
理論音声学 (theoretical phonetics) 3
臨床音声学 (clinical phonetics) 3
隣接異化 (adjacent dissimilation) 76
隣接同化 (adjacent assimilation) 74

類似 (similitude) 73

連結の [ʔ] (linking [ʔ]) 79
連結の 'r' (linking 'r') 78
連続音声過程 (connected speech processes, CSPs) 72
連濁 (rendaku, sequential voicing) 74

▶わ 行

わたり音 (glide) 47, 78

英和対照用語一覧

音声学に関わるキーワードの英和対照一覧を作成した．

▶ A

accent　　方言（変種）
accent　　アクセント
accentual function　　アクセント機能
acoustic phonetics　　音響音声学
acrolect　　上層方言
active articulator　　能動調音体
addition　　添加
adjacent assimilation　　隣接同化
adjacent dissimilation　　隣接異化
advanced tongue root, ATR　　舌根前進
affricate　　破擦音
airstream mechanism　　気流機構
allophone　　異音
alveolar ridge　　歯茎
alveolar sound　　歯茎音
alveolo-palatal fricative　　歯茎硬口蓋摩擦音
amplitude　　振幅
anacrusis　　行首余剰音
anticipatory assimilation　　予期同化
aperiodic waves　　非周期波
apico-alveolar　　舌尖歯茎音
applied phonetics　　応用音声学
approximant　　接近音
articulation　　調音
articulator　　調音体，調音器官
articulatory phonetics　　調音音声学
articulatory setting　　調音器官設定
arytenoid cartilages　　披裂軟骨
aspirated　　帯気音，有気音
aspiration　　気息，気音，帯気音
assimilation　　同化
attitudinal function　　態度的機能
auditory phonetics　　聴覚音声学

▶ B

back　　後舌面
back vowel　　後舌母音

basilect　　下層方言
BBC pronunciation　　BBC 発音
Bernoulli effect　　ベルヌーイ効果
blade　　舌端
breath　　息
breathy voice　　息もれ声，息まじり声
brief pause　　短時休止
broad transcription　　簡略表記
Brummie　　ブラミー
bunched R　　盛り上がり舌の R
burst　　バースト

▶ C

cardinal vowels　　基本母音
catathesis　　カタセシス
center　　中舌面
central approximant　　正中面接近音
central vowel　　中舌母音
checked vowel　　抑止母音
chest pulse theory　　胸拍説
clear L　　明るい L
cliché　　常套句
click　　吸着音
clinical phonetics　　臨床音声学
close approximation　　近接（開きの狭い接近）
closed syllable　　閉音節
co-ordinate coarticulation　　同格同時調音
co(-)articulation　　同時調音
coalescence　　融合
Cockney　　コックニー
coda　　（音節末）尾子音
cohesive function　　結束機能
complete assimilation　　完全同化
complete closure　　完全な閉鎖
complex waves　　複合波
components　　成分
compound word　　複合語
compression　　音圧縮
connected speech processes, CSPs　　連続音声

過程

consonant　子音
content word　内容語
contoid　音声学的子音
contrast　対立
contrastive phonetics　対照音声学
contrastive stress　対照強勢
creak　きしみ
cycle　サイクル

▶ D

dark L　暗い L
declination　自然下降，漸次下降
default tone　デフォルト音調
definiteness　確信性
descriptive label　記述ラベル
devoicing　無声化
diacritics　補助記号
digraph　二字一音
diphthong　二重母音
diphthongization　二重母音化
discourse function　談話機能
distant assimilation　遠隔同化
distant dissimilation　遠隔異化
distinctive feature　弁別素性
domino effect　ドミノ効果
dorsum　舌背
double articulation　二重調音
downstep　ダウンステップ

▶ E

early stress　前方強勢
egressive　外向的(流出的)
ejective　放出音
elision　脱落
English phonetics　英語音声学
epiglottal　喉頭蓋音
epiglottis　喉頭蓋
Estuary English　河口域英語
event sentence　出来事文
eversion　外転
experimental phonetics　実験音声学

▶ F

fall　下降調
fall-rise　下降上昇調

falling diphthongs　下降二重母音
finality　最終性
flap　弾き音
flat structure　平板構造
focus　焦点
focusing function　焦点化機能
foot　脚
forensic phonetics　法音声学
formant frequencies　フォルマント振動数，周波数
formant transition　フォルマント遷移
fortis　硬音
Fourier Analysis　フーリエ解析
free vowel　開放母音
French phonetics　フランス語音声学
frequency　振動数，周波数
fricative　摩擦音
front　前舌面
front vowel　前舌母音
function word　機能語
fundamental frequency　基本周波数

▶ G

gap　空白
General American　一般米語
general phonetics　一般音声学
Geordie　ジョーディー
glide　わたり音
glottal plosive　声門破裂音
glottal stop　声門閉鎖音
glottis　声門
grammatical function　文法的機能
grooved fricative　溝状摩擦音

▶ H

H Dropping　H 音の脱落
hard palate　硬口蓋
harmonics　倍音
head　頭部
hiatus　母音連続
hierarchical structure　階層構造
high vowel　高母音
hyoid bone　舌骨

▶ I

implosive　入破音

informational function　情報機能
ingressive　内向的(流入的)
initiation　始動
initiator　始動体
intonation　イントネーション
intonation group　イントネーション群
intonation phrase　イントネーション句
intrusive 'r'　嵌入の 'r'
inventory　目録
IPA (International Phonetic Alphabet/International Phonetic Association)　国際音声字母／国際音声学協会
isochronism　等時間隔性

▶ J

Japanese phonetics　日本語音声学

▶ L

L Vocalization　L 音の母音化
L1 transfer　母語転移
labialization　唇音化
labio-velarization　唇軟口蓋化
lamino-alveolar　舌端歯茎音
larynx　喉頭
late stress　後方強勢
lateral approximant　側面接近音
lateral plosion　側面破裂
lateral release　側面開放，側面解除
lax vowel　弛緩母音
left-branching structure　左枝分かれ構造
lenis　軟音
lenition　軟(音)化
level　平板調
limited agreement　限定的な同意
linking 'r'　連結の 'r'
linking [ʔ]　連結の [ʔ]
(lip-)rounding　唇音化，円唇化
low vowel　低母音
lower articulator　下部調音体
lungs　肺，肺臓

▶ M

Mancunian　マンキューニアン
manner of articulation　調音法，調音様式
mesolect　中層方言
mid vowel　中母音

midsagittal head diagram　正中矢状断面図
minimal pair　最小対
Modern Received Pronunciation, MRP　現代容認発音
monophthong　単母音
monophthongization　単母音化
mora　モーラ
mora-timed rhythm　モーラ拍リズム
morpheme　形態素
murmur　つぶやき

▶ N

narrow transcription　精密表記
nasal　鼻音
nasal cavity　鼻腔
nasal formant　鼻音フォルマント
nasal plosion　鼻腔破裂
nasal release　鼻腔解除，鼻腔開放
nasalized tap　鼻音化したたたき音
Network English　放送網英語
neutral lips　普通唇
neutralize　中和する
noise　ノイズ
Non-Regional Pronunciation, NRP　非地域発音
non-rhotic accent　非 r 音アクセント
non(-)syllabic　非成節音，非音節主体(的な)
nonsyllabic contoid　非音節主体的な音声学的子音
nonsyllabic vocoid　非音節主体的な音声学的母音
North American English　北米英語
nucleus　核

▶ O

obstruent　阻害音
onset　(音節)頭子音
onset　頭部開始点
open approximation　開きの広い接近
open syllable　開音節
oral cavity　口腔
organs of speech　音声器官
oro-nasal process　口音・鼻音変換過程
oscillation　振動

▶ P

palatal　口蓋音
palate　口蓋
palato-alveolar　硬口蓋歯茎音

partial assimilation	部分同化	Received Pronunciation	容認発音
passive articulator	受動調音体	reciprocal assimilation	相互同化
pause	休止	reduced vowel	弱化母音
peak	頂点	regressive assimilation	逆行同化
perception	知覚	regressive dissimilation	逆行異化
periodic waves	周期波	reservation	留保
pharyngeal wall	咽頭壁	resonance	共鳴
pharyngealization	咽頭化	resonant frequencies	共鳴振動数
pharynx	咽頭	retroflex	そり舌音
pharynx wall	咽頭壁	rhotic	R音変種
phonation	発声	rhotic accent	r音アクセント
phoneme	音素	rhoticity	R音性
phonetics	音声学	rhyme	韻, ライム
phonology	音韻論	rhyming slang	押韻俗語
phonotactics	音素配列論	right-branching structure	右枝分かれ構造
pitch	ピッチ	rime	韻, ライム
pitch accent	ピッチアクセント	rise	上昇調
pitch curve	ピッチ曲線	rise-fall	上昇下降調
place of articulation	調音位置, 調音点	rising diphthongs	上昇二重母音
plosive	破裂音	root	舌根
point of articulation	調音点	rounded	円唇
Popular London	一般ロンドン発音	rounded lips	円唇
potentially voiced	潜在的有声音	rule of three	三連規則
practical phonetics	実践(実用)音声学		
pre-fortis clipping	硬音前の母音短縮化	▶ S	
prefix	接頭辞	Scouse	スカウス
prehead	前頭部	secondary articulation	二次調音
primary articulation	一次調音	secondary cardinal vowels	第二次基本母音
primary cardinal vowels	第一次基本母音	secondary stress	第2強勢
primary stress	主強勢	segment	分節音
production	産出	semi-continuous nasalization	半連続的な鼻音化
progressive assimilation	順行同化, 進行同化	semiconsonant	半子音
progressive dissimilation	順行異化	semivowel	半母音
prominence	卓立	sequential voicing	連濁
pronunciation	発音法	silent stress	無音強勢
propagate	伝播する	similitude	類似
propagation	伝播	sine or sinusoidal wave	正弦波
Public School Pronunciation, PSP	パブリックスクール発音	sociophonetics	社会音声学
		soft palate	軟口蓋
pulmonic egressive airstream	肺臓呼気流, 肺臓流出気流	sonorant	共鳴音
		sonority	聞こえ(度)
pulmonic ingressive airstream	肺臓吸気流, 肺臓流入気流	sound waves	音波
		spectra(複数)	スペクトル
▶ R		spectrogram	スペクトログラム
/r/-colored vowel	R音化した母音	spectrum(単数)	スペクトル

speech chain	言葉の連鎖	tone	トーン
speech sound	言語音，言語音声，音声	tone group	調子群
spread lips	平唇	tone unit	調子単位
stem	語幹	tonic syllable	主調子音節
stop	閉鎖音	tonicity	トーニシティ
stress	強勢	trachea	気管
stress accent	強勢アクセント	transition	変移部
stress clash	強勢衝突	trill	ふるえ音
stress lapse	強勢空白		
stress shift	強勢降格		

▶ U

stress-affecting suffix	強勢移動接尾辞
stress-attracting suffix	強勢請負接尾辞
stress-bearing suffix	強勢請負接尾辞
stress-neutral suffix	強勢中立接尾辞
stress-shifting suffix	強勢移動接尾辞
stress-timed rhythm	強勢拍リズム
stricture	狭窄
strong form	強形
strong syllable	強音節
suffix	接尾辞
suprasegmental	超分節音的
syllabic	音節主音(的な)
syllabic consonant	成節子音，音節主音的子音
syllabic contoid	音節主音的音声学的子音
syllabic vocoid	音節主音的音声学的母音
syllabification	分節化
syllable	音節
syllable nucleus	音節核
syllable strength	音節量
syllable weight	音節量

unaspirated　無気音
unit pause　単位休止
unrounded　非円唇
upper articulator　上部調音体
upper lip　上唇
upper teeth　上歯
uvula　口蓋垂

▶ V

velic closure　軟口蓋背面閉鎖
velum　口蓋帆
vibration　振動
vocal c(h)ords　声帯
vocal folds　声帯
vocal organs　音声器官
vocal tract　声道
vocative　呼びかけ語
vocoid　音声学的母音
voice　声
voice bar　ボイスバー
voice onset time, VOT　有声開始時間，声の出だしの時間
voice quality setting　調音器官設定
voiced labial-velar approximant　有声両唇軟口蓋接近音
voiced sound　有声音
voiceless labial-velar fricative　無声両唇軟口蓋摩擦音
voiceless sound　無声音
voicelessness　無声
voicing　声帯振動，有声化
vowel　母音
vowel chart　母音図
vowel height　母音の高さ
vowel quadrilateral　母音図

▶ T

T Voicing	T音の有声化
tail	尾部
tap	たたき音
tapped R	たたき音のR
tense vowel	緊張母音
TH Stopping	TH音の閉鎖音化
the backness-openness-(lip-)rounding label, BOR label	BOR ラベル
the voice-place-manner label, VPM label	VPM ラベル
theoretical phonetics	理論音声学
thyroid cartilage	甲状軟骨
tip	舌尖
tonality	トーナリティ

▶ W

waveform　波形
weak form　弱形
weak syllable　弱音節
whisper　ささやき
whispered sound　ささやき音
windpipe　気管
word group　語群

▶ Y

Yod Coalescence　ヨッドの融合
Yod Dropping　ヨッドの脱落

編者略歴

服部 義弘
(はっとり よしひろ)

1947 年　愛知県に生まれる
1978 年　名古屋大学大学院文学研究科博士後期課程中退
　　　　大阪教育大学 講師・助教授，関西外国語大学 助教授，愛媛大学 教授，
　　　　静岡大学人文社会科学部教授を経て
現　在　大阪学院大学外国語学部教授
　　　　静岡大学名誉教授
　　　　文学修士

朝倉日英対照言語学シリーズ 2

音　声　学

定価はカバーに表示

2012 年 6 月 25 日　初版第 1 刷
2022 年 5 月 25 日　　　第 6 刷

編　者　服　部　義　弘
発行者　朝　倉　誠　造
発行所　株式会社　朝　倉　書　店

東京都新宿区新小川町 6-29
郵便番号　162-8707
電　話　03 (3260) 0141
FAX　03 (3260) 0180
https://www.asakura.co.jp

〈検印省略〉

© 2012〈無断複写・転載を禁ず〉　　教文堂・渡辺製本

ISBN 978-4-254-51572-5　C 3381　　Printed in Japan

JCOPY　〈出版者著作権管理機構　委託出版物〉

本書の無断複写は著作権法上での例外を除き禁じられています．複写される場合は，
そのつど事前に，出版者著作権管理機構（電話 03-5244-5088, FAX 03-5244-5089,
e-mail: info@jcopy.or.jp）の許諾を得てください．

好評の事典・辞典・ハンドブック

脳科学大事典	甘利俊一ほか 編	B5判 1032頁
視覚情報処理ハンドブック	日本視覚学会 編	B5判 676頁
形の科学百科事典	形の科学会 編	B5判 916頁
紙の文化事典	尾鍋史彦ほか 編	A5判 592頁
科学大博物館	橋本毅彦ほか 監訳	A5判 852頁
人間の許容限界事典	山崎昌廣ほか 編	B5判 1032頁
法則の辞典	山崎 昶 編著	A5判 504頁
オックスフォード科学辞典	山崎 昶 訳	B5判 936頁
カラー図説 理科の辞典	山崎 昶 編訳	A4変判 260頁
デザイン事典	日本デザイン学会 編	B5判 756頁
文化財科学の事典	馬淵久夫ほか 編	A5判 536頁
感情と思考の科学事典	北村英哉ほか 編	A5判 484頁
祭り・芸能・行事大辞典	小島美子ほか 監修	B5判 2228頁
言語の事典	中島平三 編	B5判 760頁
王朝文化辞典	山口明穂ほか 編	B5判 616頁
計量国語学事典	計量国語学会 編	A5判 448頁
現代心理学［理論］事典	中島義明 編	A5判 836頁
心理学総合事典	佐藤達也ほか 編	B5判 792頁
郷土史大辞典	歴史学会 編	B5判 1972頁
日本古代史事典	阿部 猛 編	A5判 768頁
日本中世史事典	阿部 猛ほか 編	A5判 920頁

価格・概要等は小社ホームページをご覧ください．